AMÉDÉE JUBERT

# L'ENFER

DE

DANTE

*Traduit en vers français*

PARIS

BERGER-LEVRAULT & Cie, ÉDITEURS

5, Rue des Beaux-Arts, 5

MÊME MAISON A NANCY

1874

# L'ENFER DE DANTE

AMÉDÉE JUBERT

---

# L'ENFER
## DE
## DANTE

*Traduit en vers français*

PARIS

BERGER-LEVRAULT & Cie, ÉDITEURS

5, Rue des Beaux-Arts, 5

MÊME MAISON A NANCY

---

1874

# PRÉFACE

M'est-il permis de le dire, Dante est assez peu connu.

Il est de fait qu'il tient une place absolument à part dans la littérature. Il traçait à l'Europe une voie nouvelle que l'on a soudain délaissée pour revenir, avec la Renaissance, sur le terrain de l'antiquité classique. Le Florentin, par suite, est resté dans sa majestueuse solitude, et l'esprit du monde moderne s'est formé complétement en dehors de son œuvre. De là vient, qu'habitués par nos chefs-d'œuvre à des beautés très-différentes de celles qui se rencontrent dans la Divine Comédie, *nous sommes embarrassés devant cette étonnante création. Nous voudrions y trouver certain idéal poétique, en accord avec l'idéal que nous nous sommes fait par suite de notre éducation littéraire. Mais quoi! Dante n'y répond guère, et parfois nous laissons tomber de nos mains son ouvrage, avec une déconvenue que nous n'osons trop avouer.

Quoi qu'il en soit, je vais tenter de m'expliquer sur le style et la manière du poète, qui ne ressemblent à rien de ce qu'on admire chez les Virgile ou chez les Milton.

Milton, lui, venait au monde après bon nombre d'excellents écrivains. Son style, nourri des beautés littéraires de l'antiquité, pouvait profiter encore de ce que les modernes avaient déjà produit d'heureux. Aussi, soit que l'auteur du Paradis perdu s'égare sous les riants berceaux de l'antique Éden, soit qu'il s'enfonce dans les profondeurs du noir chaos, sans cesse il roule, dans le cours de sa poésie, toutes les richesses et toutes les magnificences de l'expression. Dante n'a point ces ressources. En dehors de son génie, le Florentin se peut dire pauvre et presque dans le dénûment. L'antiquité profane est un livre encore à peu près fermé pour le moyen âge, et nulle flamme d'éclatante poésie *n'a brillé jusque-là sur l'horizon des temps nouveaux. Une langue se présente au poëte, produit du seul instinct populaire et complétement dépourvue de ce luxe et de cette abondance, dernier fruit des littératures achevées : son indigence est réelle, et si, par exemple, il s'agit pour elle de peindre le cours du Mincio, qu'elle sera loin de cette grâce élégante de Virgile :*

> Tardis ingens ubi flexibus errat
> Mincius, et tenera prætexit arundine ripas.

*Elle ne saura dire autre chose, sinon que le fleuve s'en va d'un lieu vers un autre, baignant telles villes d'Italie qu'elle dénomme. C'est là tout son art : elle n'en connaît point d'autre, et vous diriez ici la sécheresse d'un patois plus ou moins relevé.*

*Que fera Dante? On peut être à l'avance assuré que, possesseur de cet instrument quelque* peu primitif, il ne prodiguera ni les richesses ni les séductions du langage. Aussi croyez-moi, si quelques passages retentissent avec plus d'éclat dans son Enfer, le ton général est celui d'une narration vive et pressée. Je le dirais donc (regrettant ici d'être sans doute en désaccord avec nombre d'excellents critiques), le poëte ne pouvant jouer avec les mots dans une langue qui n'était pas encore littéraire, ni se laisser entraîner par leur séduisant mirage, a songé presque uniquement à raconter des choses intéressantes en elles-mêmes. Pourvu qu'il les marquât d'une empreinte forte et vigoureuse, encore qu'il fût plus ou moins poétique, il se tenait pour satisfait. Or, au point de vue des faits, la matière était abondante. Le poëte avait tenu l'épée ; dans le cours de sa carrière diversifiée par mainte aventure, que de hauts caractères il avait rencontrés ! Ajoutez qu'illuminé de croyance et de foi vive, il n'avait pas détourné sa vue des horizons infinis. Aussi comme il lui fallut presser son récit quand il voulut renfermer dans un livre unique, tout ce que son âme contenait de souvenirs et d'étonnements naïfs! La concision la plus rigoureuse devint la loi de son génie. Sans cesse, en voyant défiler dans son ouvrage, avec une incroyable rapidité, tant de personnages et de situations différentes, on se rappelle involontairement son vers fameux :

> Non ragioniam di lor, ma guarda, et passa :
> Qu'il n'en soit plus parlé, regarde et passe.

C'est là, je crois, la plus fidèle expression de son style, toujours sobre, d'une exactitude, d'une précision, d'une vérité sans égale, où revit tout entier le treizième siècle, avec sa grandeur chrétienne et l'énergie de ses convictions.

J'ajouterai que le mouvement littéraire qui ramenait vers Dante, avec Manzoni, l'Italie contemporaine, avait principalement pour objet de reconstituer la langue italienne dans son aspect primitif, en la débarrassant de tant d'ornements vrais ou faux, dont la suite des siècles avait fini par la surcharger. On comprendra par là quel est, au point de vue du langage, le but et le profit qu'un traducteur de mérite pourrait atteindre, en menant à bonne fin cette entreprise que j'avais commencée pour mon seul amusement, continuée, je puis le dire, avec un intérêt que je serais trop heureux de faire partager quelquefois à mes lecteurs.

# L'ENFER

I

Vers le milieu du terrestre voyage,
J'errais au sein d'une obscure forêt,
Où je cherchais vainement un passage;

Et la forêt, témoin de mon trajet,
Combien fut-elle âpre, noire, et sauvage,
Frayeur me prend d'aborder ce sujet :

La mort, hélas! me serait moins amère !
Mais pour montrer quel bien j'y rencontrai,
Je vais ici révéler ce mystère.

Je ne sais plus comment j'y pénétrai,
Tant le sommeil pesait sur ma paupière,
Du droit chemin quand je fus séparé. -

Mais au moment d'atteindre la colline,
Qui terminait ce vallon plein d'horreur,
Où, si peureux, tristement je chemine,

Levant les yeux, je vis dans sa splendeur
Étinceler la planète divine,
Qui sert de phare aux pas du voyageur.

Je pensai lors éprouver quelque cesse
Au morne effroi qui ballottait mon cœur,
En cette nuit de mortelle détresse.

Et tel un homme, encor pris de frayeur,
Sort haletant de la mer qui le presse,
Au bord s'arrête, et voit l'onde en fureur :

Ainsi mon âme, à l'effroi tout entière,
Se retourna vers ces tristes parcours,
D'où nul vivant ne revient sur la terre.

M'étant assis, las de si longs détours,
J'allais tenter de nouveau la carrière
Où pas à pas je m'avançais toujours,

Quand vive et prompte, au bas de la montée,
Une panthère au long corps apparut,
Montrant sa peau brillamment tachetée.

Et sans effroi son regard m'aperçut :
Mais, sous mes yeux la voyant arrêtée,
Je bornai là mon trajet suspendu.

C'était à l'heure où l'aube se colore ;
Et le soleil précédait ces flambeaux
Qu'Amour divin sur son front fit éclore,

Quand il créa tous ces astres si beaux.
Ce doux aspect, ces tableaux, cette aurore,
L'éclat joyeux de la bête au repos,

Tout, en mon sein ranimait l'espérance,
Lorsqu'un lion vint, d'un subit effroi,
Frapper encor mon âme en défaillance.

Il me sembla qu'il s'avançait vers moi,
La tête haute, ayant telle apparence
Que l'air lui-même en était en émoi.

Venait ensuite une louve affamée
Qui, de désirs chargée en sa maigreur,
Fait aux mortels une guerre acharnée :

Son regard fauve inspirait la terreur ;
Et de nouveau mon âme consternée,
Perdit l'espoir d'atteindre la hauteur.

Tel, un moment flatté par la richesse,
Quand vient le jour où s'envole son gain,
Pleure un mortel en proie à la détresse :

Ainsi ma bouche accusait le destin,
Lorsqu'effrayé, je reculais sans cesse
Au bord funèbre où le soleil s'éteint.

Errant ainsi par cette plage immense,
A mes regards quelqu'un paraît soudain,
— Muet, pensai-je, à force de silence. —

Quand je le vis dans ce désert sans fin :
« Pitié de moi ! » m'écriai-je d'avance,
« Homme de chair, ou simulacre vain ! »

— « Homme, autrefois je l'étais sur la terre,
Me repart-il, « et chez les Mantouans
« Mes yeux jadis s'ouvraient à la lumière.

« Né sous César, à ses derniers moments,
« J'ai près d'Auguste abrité ma carrière,
« A Rome, aux jours des dieux faux et méchants.

« Je fus poète et, maintenant éteinte,
« Ma voix d'Énée a chanté le labeur,
« Quand de Pergame il vit crouler l'enceinte.

« Mais toi, pourquoi vas-tu vers la douleur,
« Et non là-haut vers la montagne sainte,
« Sacré principe, et cause du bonheur? »

— « Or, es-tu donc ce glorieux Virgile,
« Source versant l'harmonie à long flot?...
Dis-je, le front de respect immobile.

« O notre honneur, notre éternel flambeau,
« Sur ton ouvrage, en disciple docile,
« J'étais courbé déjà dès mon berceau.

« Tu fus mon maître entre tous, ô poète,
« Et je te dois ce langage divin
« Qu'avec honneur après toi je répète.

« Mais vois ramper le monstre en mon chemin :
« Préserve-moi de cette horrible bête,
« Qui jette encor l'épouvante en mon sein. »

— « Il te faut prendre un différent passage,
Me repart-il, me voyant tout en pleurs,
« Pour te tirer d'un endroit si sauvage.

« Car l'animal, cause de tes frayeurs,
« A nul vivant ne permet ce voyage,
« Mais le guettant, l'immole à ses fureurs :

« Et sa nature est à ce point cruelle,
« Que pour sa rage il n'est point de repos :
« Dans ses festins sa faim se renouvelle.

« Et cette louve à nombreux animaux
« S'accouplera, mais, sous la dent mortelle
« Du lévrier, sera mise en lambeaux.

« Or, celui-ci n'aura pour nourriture
« La terre et l'or, mais sagesse et vertu :
« Sur Felthro luit sa lumière si pure.

« Humble Italie il sera ton salut,
« Terre où tombés dans leur antique armure,
« Tant de héros naguère ont combattu.

« Par lui la bête en tous lieux poursuivie,
« Doit à la fin retomber aux enfers,
« D'où la tira la ténébreuse envie.

« Mais franchissons maintenant ces déserts :
« Viens avec moi, dans ta route hardie,
« Aux sombres lieux devant nous entr'ouverts,

« Où l'on entend les cris sans espérance,
« Où tu verras les antiques proscrits,
« Maudire en vain l'éternelle souffrance.

« Puis à tes yeux s'offriront ces esprits
« Qui, dans la flamme expiant leur offense,
« Un jour aux cieux monteront réjouis.

« Là, si plus haut veut aspirer ton zèle,
« Ame plus digne alors te conduira :
« Tu me verras te laisser avec elle ;

« Car, entouré d'un immuable éclat,
« Dieu, qu'offensa mon esprit infidèle,
« M'arrête au bord de son sublime État.

« Maître de tout, le ciel est son royaume :
« Là tu verras son trône et sa cité ;
« Heureux, de près qui le voit et le nomme ! »

Et je lui dis : « Par ce Dieu redouté,
« Qui fut de toi méconnu sur la terre,
« O garde-moi de toute adversité !

« Guide ma course aux lieux dont tu parlais,
« Pour me montrer la porte de Saint-Pierre,
« Et le séjour des esprits désolés. »

Il s'avança, je marchais en arrière.

## II

Le jour s'efface, et la pâle atmosphère
Vient des mortels suspendre les travaux.
Seul entre tout ce qui vit sur la terre,

Loin des humains, du jour et du repos,
J'ai commencé la dolente carrière,
Que je retrace en fidèles tableaux.

Soutenez-moi, Muse, ô divin génie !
Toi, mon esprit, qui vis les noirs séjours,
Paraisse ici ta noblesse infinie.

Je disais donc : « Poëte, ô mon recours,
« Vois si mon âme est assez affermie,
« Pour s'engager dans ces tristes parcours.

« De Sylvius tu contas que le père,
« Mortel encor, vers le siècle immortel
« Put s'élever du séjour de la terre.

« C'est que du mal l'adversaire éternel
« Songeait au bien qu'un héros devait faire,
« Accomplissant cet acte solennel ;

« Un tel projet du ciel même était digne ;
« Car le héros, de fonder Rome un jour,
« Déjà d'en haut tenait l'honneur insigne,

« Rome, où saint Pierre établit son séjour,
« Que Jésus-Christ marqua d'un divin signe,
« Où son Église apportera sa cour.

« Et de celui dont tu chantais l'histoire,
« Cette entreprise assurant la grandeur,
« Du pape ainsi préparait la victoire.

« Et quand saint Paul pénétra dans l'horreur
« Du sombre empire, il y vint pour la gloire
« De notre Foi, seul gage du bonheur.

« Mais moi, quel titre ?... et que viens-je ici faire ?
« Je ne suis Paul, ni le pieux Éné :
« Mais le moins digne, hélas ! qui soit sur terre.

« Et c'est pourquoi, sur tes pas entraîné,
« Je craindrais fort de sembler téméraire.
« Sans doute ici mon chemin est borné ? »

Semblable alors à ceux dont la pensée
Quitte un projet pour un autre dessein,
Laissant ainsi la tâche commencée,

Je demeurai tout à coup incertain :
Tant il est vrai qu'en mes veines glacée,
Ma chaleur tombe au début du chemin.

« Si j'ai compris ce que ta bouche exprime,
Me répondit mon auguste sauveur,
« Déjà la crainte et te glace et t'opprime ;

« Elle qui rend souvent lâche et sans cœur,
« L'homme arrêté dans un dessein sublime,
« Comme un cheval à qui l'ombre fait peur.

« Pour te garder d'une telle faiblesse,
« Je te dirai qui m'amène céans,
« Et d'où me vient envers toi ma tendresse.

« J'étais chez ceux dont l'âme est en suspens,
« Et dame y vint de si belle jeunesse,
« Que d'elle alors requis commandements.

« Comme une étoile éclairant son visage,
« Ses yeux brillaient; suave elle parla
« D'un ton céleste, et dit en son langage :

— « O noble esprit que Mantoue engendra,
« Que tour à tour doit renommer chaque âge
« Autant et plus que le monde vivra :

« Mon doux ami, qui n'est celui, je pense,
« De la fortune, est sur la plage errant,
« De s'avancer n'ayant plus l'assurance :

« Et j'ai souci, dans ce péril pressant,
« Que ma tardive et stérile assistance,
« Ne puisse plus le sauver à présent.

« Va donc à lui, maître de la parole,
« Avec ces dons qui lui peuvent servir,
« Pour que moi-même enfin je me console.

## DEUXIÈME CHANT.

« Moi Béatrix, je t'invite à partir ;
« Je viens du ciel où mon désir s'envole ;
« C'est l'amour seul qui m'en a fait sortir.

« Près du Seigneur, souvent dans ma prière,
« Je me loûrai touchant ta loyauté. —
« La voyant là s'arrêter et se taire,

« Je répondis : — Reine de charité,
« Toi qui rehausse au-dessus de la terre,
« La race humaine où fleurit ta beauté,

« Oh ! sur ta lèvre aimable est ta demande !
« Et pour mon cœur il est doux d'obéir,
« Lorsque ta voix m'appelle et me commande ;

« Mais du séjour de l'éternel plaisir
« Comment, au bord où tu viens de te rendre,
« As-tu donc pu sans frayeur accourir ?

— « Puisqu'il te plaît de tant vouloir entendre,
« Tu vas savoir, dit-elle, en quelques mots,
« Ce qui, sans crainte, ici m'a fait descendre.

« Les seuls objets qui font naître nos maux,
« Sont ceux-là seuls dont il se faut défendre :
« On ne craint pas ce qui laisse en repos.

« Dieu m'a fait telle en sa grâce adorable,
« Qu'au sein du feu qui semble m'assaillir,
« A vos douleurs je marche invulnérable.

« Or, en ce ciel qu'appelle mon désir,
« Une humble dame, aux humains secourable,
« Veille, attentive à leur moindre soupir.

« Soudain le cri d'une angoisse infinie
« Monta vers elle, et la dame à l'instant
« Vint à sa place en informer Lucie.

« J'étais alors aux pieds du Tout-Puissant,
« Lorsqu'en ces mots Luce, encore attendrie,
« Près de Rachel m'aborde en souriant :

— « O Béatrix, Voix du céleste père,
« Que ne vas-tu vers cet infortuné
« Qui tant t'aima qu'il sortit du vulgaire ?

« Vois-le là-bas, dans les pleurs obstiné,
« Craignant la mort, près du fleuve en colère,
« Qui n'est jamais à la mer entraîné. —

« A fuir la peine, ou chercher l'avantage,
« Aucun mortel ne fut jamais si prompt,
« Que je ne fus quand j'ouïs ce langage.

« Je vins à toi de la sainte maison :
« Ton éloquence est mon heureux présage,
« Elle t'élève et consacre ton front. —

« Quand expira sa dernière parole,
« Ses yeux brillants se tournèrent vers moi.
« Je vis ses pleurs, et comme l'oiseau vole,

« Selon ses vœux je me pressai vers toi.
« Tu ne crains plus que la louve t'immole,
« Et la montagne est pour toi sans effroi.

« Qu'est-ce à présent ? qu'as-tu donc ? qui t'arrête ?
« Pourquoi ce cœur pusillanime encor ?
« Pourquoi sens-tu ta volonté muette ?

« Puisqu'attentifs à veiller sur ton sort,
« Trois doux esprits, de leur faveur secrète,
« Du haut du ciel soutiendront ton effort. »

Comme une fleur par la nuit glaciale
Penche fermée, et, quand l'aube a souri,
Droite au soleil sur sa tige s'étale,

Ainsi sa voix releva mon esprit :
Et le cœur plein d'une ardeur sans égale,
Je m'écriais tout à coup enhardi :

« O noble dame, ô ma douce assistance,
« Et toi qui vins, porteur de ses accents,
« Soyez témoins de ma reconnaissance !

« Déjà ta voix qui pénètre mes sens,
« Les a changés par sa douce éloquence ;
« Me voici prêt comme aux premiers moments.

« Nous n'avons plus qu'une même pensée :
« Sois désormais mon maître, et mon seigneur. »
Il prit alors la route hérissée :

J'accompagnais, surmontant ma terreur.

## III

Par moi l'on va dans la cité maudite :
Par moi l'on va dans la douleur sans fin :
Par moi l'on va chez la race proscrite.

Dieu me créa dans un juste dessein :
J'eus pour auteur le Pouvoir sans limite,
La Sapience, et l'Amour souverain.

L'Éternité précéda ma naissance :
Je dois aussi vivre éternellement :
Ici, damnés, laissez toute espérance.

Gravée en noir, je lus distinctement
Sur un portail cette sombre sentence,
Et je dis : « Maître, oh ! que vois-je à présent ? »

Et lui reprit dans son noble langage :
« C'est maintenant qu'il faut chasser la peur,
« Et tenir haut ton cœur et ton courage.

« Tu vas entrer dans des lieux pleins d'horreur :
« Chez ceux à qui fut ravi le partage
« De la raison, par un maître vengeur. »

Puis de la main me montrant la carrière,
D'un air riant qui calmait mes frayeurs,
Il m'introduit dans ce sombre mystère.

Gémissements, sanglots, cris de douleurs,
Viennent à moi d'un milieu sans lumière,
Si pénétrants, que je versais des pleurs.

Accents divers, effroyable langage,
Discours plaintifs, ou grincements affreux,
Membres choqués, pêle-mêle, avec rage,

Confusément tourbillonnaient entre eux,
Dans l'air troublé d'un éternel orage,
Comme du sable enlevé jusqu'aux cieux.

Et moi, l'esprit perdu dans ces abîmes :
« D'où vient ce bruit? m'écriai-je pour lors,
Et quelles sont, Maître, ici ces victimes ? »

Et lui me dit : « Tu vois là sur ces bords,
« Ceux qui, vivant sans éloge et sans crimes,
« Tourbe inutile, obscurément sont morts.

« Dieu mit leur âme avec le mauvais chœur
« D'anges tombés, qui, sans être rebelles,
« Vivant pour soi, déplurent au Seigneur.

« Ils terniraient les splendeurs éternelles ;
« Mais leur séjour semblerait un honneur,
« Dans les enfers, aux âmes criminelles :

« L'enfer aussi les repousse à son tour.
— « Maître, quoi donc les retient en souffrance ? »
Il me repart : « Mon fils, je serai court :

« De la mort même ils n'ont plus l'espérance :
« Et leur opprobre est tel en ce séjour,
« Qu'ils sont jaloux de toute autre existence.

« D'eux l'univers n'a pas gardé la trace :
« Le ciel pour eux n'a haine, ni bonté.
« Qu'il n'en soit plus parlé : regarde et passe. »

Or donc voici qu'un étendard flottait,
Comme en spirale emporté dans l'espace,
Et qui semblait constamment agité.

Venait derrière une si longue file
D'esprits damnés, que jamais je ne crus
Que fût la mort ici-bas si fertile.

Quand j'eus d'entre eux quelques-uns reconnus,
Au sein des morts j'aperçus l'ombre vile
De celui-là qui fit le grand refus.

Je compris lors qu'en ce lieu de misères,
Mes yeux voyaient ces âmes sans vertu,
En haine à Dieu, comme à ses adversaires.

Ces malheureux, qui n'ont jamais vécu,
Souffraient sans trêve, atteintes meurtrières
De moucherons pressés sur leur corps nu.

Ceux-ci de sang sillonnaient leur figure,
Et ce sang noir, tombant avec des pleurs,
Des vers rampants devenait la pâture.

Et près d'un fleuve, au sein des profondeurs,
J'entrevoyais comme une foule obscure ;
Et je dis : « Maître, en ces champs de douleurs,

« Qui sont ceux-là ?... quel singulier mystère
« Pour le trajet les fait tant se presser,
« A la lueur d'une pâle lumière ?

— « Tu le sauras quand, pour la traverser,
« De l'Achéron tu verras la rivière. »
Et moi, craignant alors de le lasser,

Je n'osais plus importuner son zèle ;
Mais les regards vers le sol inclinés,
J'allais, rêveur, en la plage éternelle.

Et tout en face, à mes yeux étonnés,
Un vieux nocher parut sur sa nacelle,
Qui s'écriait : « Malheur à vous damnés !

« N'espérez pas qu'au ciel on vous conduise :
« Mais vous viendrez dans l'éternelle nuit,
« Aux lieux où règne et le chaud et la bise.

« Et toi, vivant, chez les morts introduit,
« Avec ceux-ci ne reste en nulle guise. »
Mais sans bouger, me voyant près de lui,

« Va, va, dit-il, c'est sur une autre plage,
« Non pas ici, que tu dois traverser :
« Un autre esquif te livrera passage !

— « Cesse, Caron, de tant te courroucer,
« Le Ciel le veut, lui répliqua le Sage :
« Je te l'ai dit : tu n'as qu'à te presser. »

Devint alors de colère immobile
Le poil blanchi du rameur infernal ;
Dans sa prunelle un feu sombre pétille :

Tandis qu'autour, attendant le signal,
Grinçait des dents, la misérable file
Des morts conduits vers le terme fatal.

Ils blasphémaient le Ciel, leur père et mère,
Et leur semence, et leur enfantement,
L'humanité, le jour et la lumière.

Puis à la fois se pressait en pleurant,
Pâle et l'œil mort, la foule tout entière,
Vers le rivage où le pêcheur descend.

Le vieux Caron, dont le regard s'enflamme,
Par ses appels la force à s'avancer,
Sur les derniers levant sa lourde rame.

Et comme on voit les feuilles se presser,
L'une après l'autre, au sol qui les réclame,
Quand l'arbre nu commence à se glacer,

Ainsi d'Adam la semence maudite,
Ame par âme, au signal avançait,
Comme l'oiseau qu'un doux rappel invite.

Mais son voyage à peine commençait,
Que sur la rive, à l'endroit qu'elle quitte,
Une autre foule à long flot se pressait.

« Mon fils, me dit le guide, mon doux maître,
« Tout ce qui meurt haï du Tout-Puissant
« Vient tôt ou tard ici se reconnaître.

« Et tu les vois pour passer se hâtant,
« Car la Justice à tel point les pénètre,
« Qu'on voit leur crainte en désir se changeant.

« Jamais ici l'âme juste ne passe :
« Et si Caron te paraît irrité,
« Tu sais d'où vient maintenant sa menace. »

A ce moment, d'un bruit sourd agité
Le val trembla : l'eau coula sur ma face,
Et se glaça mon cœur épouvanté.

Soudain se lève une horrible tempête,
Que l'éclair suit dans ces lieux sans soleil ;
L'enfer entier se confond sur ma tête :

Et je tombai comme pris de sommeil.

# IV

Un sourd fracas dans ce lieu solitaire,
De mon sommeil interrompant le cours,
Gronde, pareil à l'éclat du tonnerre.

Et mes regards, errant aux alentours,
Cherchent alors à sonder le mystère
Qui se dérobe en ces mornes séjours.

Or, à mes pieds, j'apercevais dans l'ombre
Le large abîme, où monte incessamment
Un bruit, formé par des clameurs sans nombre.

L'œil effrayé regardait vainement :
Un lourd brouillard sur le cratère sombre
Plane, et partout comme un voile s'étend.

« Marchons, voici le monde sans lumière »,
Dit pâle encor mon auguste sauveur,
Près d'affronter la lugubre carrière.

Et moi, voyant sa mortelle pâleur,
Je dis : « comment irais-je téméraire,
« Lorsque toi-même es rempli de frayeur ?

— « C'est, reprit-il, la profonde détresse
« De ces esprits qui jetait sur mon front
« Cette pitié qui te semblait faiblesse ;

« Mais hâtons-nous, car le voyage est long. »
Vers le lieu sombre aussitôt il s'empresse,
Et m'introduit dans le premier vallon.

Là, me penchant, je crus bientôt surprendre
Non des sanglots, mais comme un long soupir,
Qui trouble l'air attristé de l'entendre.

Et le chagrin faisait ainsi gémir,
Femmes, vieillards, âge mûr, âge tendre,
Qui, sans douleur, se plaignaient de souffrir.

« Ainsi, mon fils, tu gardes le silence
« Devant ces morts dans l'ombre descendus,
« Me dit Virgile. Or, sois en assurance

« Qu'ils n'ont péché. S'ils eurent des vertus,
« C'était en vain : du fleuve d'alliance,
« Le saint Baptême, ils vécurent exclus.

« Avant le Christ ces ombres existèrent,
« Suivant un rite abhorré par le ciel,
« Et tous mes jours à leurs jours se mêlèrent.

« Or, affligés par un destin cruel,
« Nos cœurs ici, lorsque plus ils n'espèrent,
« Gardent, hélas! un désir immortel. »

D'un grand chagrin me frappait ce langage,
Car au milieu des limbes, languissant,
Je vis plus d'un qui fut de haut courage.

« Sais-tu, mon guide, ô maître bienveillant,
« S'il est bien vrai, disais-je au noble sage,
« Lorsque la croix vit Jésus expirant,

« Que, vers les cieux, plus d'une âme en souffrance,
« Du sein des morts tout à coup s'éleva ? »
Virgile alors reprit en ma présence :

« J'étais nouveau dans ce lugubre État,
« Quand, couronné de gloire et de puissance,
« La palme en main, quelqu'un le visita.

« Sortit alors l'ombre du premier père,
« D'Abel son fils et de ses descendants,
« Noé, Moïse, et d'autres qu'on révère ;

« Le patriarche et le roi pénitent,
« Avec les siens, l'inconsolable mère,
« L'humble Rachel qu'Israël aima tant.

« Beaucoup encor qui sont dans les délices,
« Et sache aussi, qu'aux bienheureux séjours,
« Du genre humain ce furent les prémices. »

Comme il parlait, nous avancions toujours
En la forêt, longeant les précipices
Dont les esprits peuplent tous les parcours.

Nous n'avions fait qu'une courte carrière,
Quand, devant nous, de l'air lourd et brumeux,
Une clarté traversa l'hémisphère.

Elle brillait assez loin de nos yeux ;
Mais j'entrevis pourtant à sa lumière,
Dans le lointain, des esprits glorieux.

« Toi qui chéris les arts et la science,
« Maître, disais-je, à l'écart honorés,
« Qui sont ces morts que je vois à distance ?

— « Le beau renom qui les a consacrés,
« Du ciel, dit-il, obtint grâce et clémence,
« Et morts, ils sont même encor vénérés. »

Or, j'entendis que des voix solennelles
Chantaient : — Honneur au poète fameux
Qui nous revient des plages éternelles. —

Et quand cessa ce bruit harmonieux,
Je vis venir quatre ombres immortelles,
Dont l'air n'était ni triste, ni joyeux.

Mon maître dit : « Connais à cette marque,
« Celui qui marche une épée à la main,
« Tout en avant, comme un puissant monarque,

« C'est, ô mon fils, Homère le divin ;
« L'autre est Horace, et tout auprès remarque
« D'abord Ovide, et le dernier, Lucain.

« Comme avec moi leur cortége partage,
« Ce nom loué par l'unanime voix,
« Il me rend gloire, et juste est son hommage.»

Je vis alors pour la première fois,
La noble école, où plane d'âge en âge,
Aigle du chant, le plus sacré des rois.

Quand fut d'abord échangé leur langage,
Me saluant, ils se tournent vers moi,
Et du doux maître en sourit le visage.

Et cet honneur eut encore un surcroît :
Je fus admis parmi leur entourage,
Moi, le sixième, y marchant comme un roi.

Nous allions donc ainsi vers la lumière,
Tenant propos qu'il faut taire à présent,
Mais dont alors me plaisait le mystère.

J'arrive au pied d'un castel imposant,
Ceint par sept fois d'une muraille altière
Qu'entoure un faible et limpide courant.

L'onde se glace et retient son murmure.
Par sept portails, nous passons librement,
Quand s'offre un pré plein de fraîche verdure.

Mânes y sont, aux yeux graves et lents ;
Un air sublime ennoblit leur figure ;
Ils parlent peu, mais doux sont leurs accents.

Et sur le flanc d'un lieu plein de lumière,
Ouvert et haut, nous gravîmes exprès,
Afin que l'œil eût sa libre carrière.

Et là, debout sur le tapis des prés,
On me fit voir plus d'une ombre assez fière,
Pour dire ici que je m'en honorais.

Je vis Électre et, comme aux jours de Troie,
Le fils d'Anchise, Hector aux bras vaillants ;
César aussi, dont l'œil guette une proie.

Je vis celui qui chassa les tyrans,
Brutus; sur eux s'appuyant avec joie,
Cornélia près de ses deux enfants.

Je vis Camille avec Penthésilée;
Marcia, Lucrèce, et leurs nobles parents;
Et Saladin suivant seul une allée.

Puis au sommet des monts éblouissants,
Je vis le groupe à la raison ailée,
Que présidait le maître des savants.

Chacun l'admire et lui rend son hommage,
Je vis auprès Socrate avec Platon,
Formant tous deux son plus proche entourage.

Je vis aussi Diogène et Zénon,
Anaxagore, Héraclite le Sage;
Je vis Orphée, et Linus, et Solon.

J'en vis beaucoup que pourtant il faut taire,
Car à mon but je cours en me pressant,
Forcé parfois d'abréger la matière.

Je dus quitter le groupe à ce moment :
Virgile alors dirigea ma carrière
De l'air paisible à l'air retentissant,

Et j'abordai les plages sans lumière.

## V

En cet endroit, du premier cercle on passe
Dans le second, qui renferme en son sein
Plus de douleur, en un plus faible espace.

Là, des damnés le juge souverain,
Minos, assis, toujours gronde et menace,
Et la sentence est suivant qu'il se ceint :

Ou pour mieux dire, au sortir de la foule,
Quand l'âme arrive au pied du tribunal,
Soudain sa place et son sort se déroule,

Fixés déjà par le juge infernal,
Qui de sa queue autant de fois s'enroule,
Qu'il faut passer par un cercle fatal.

Or au procès regorgent les victimes :
L'une après l'autre arrive au jugement,
Expose, écoute, et va dans les abîmes.

« O toi qui viens dans un lieu si dolent,
« Me dit Minos (laissant là tous les crimes
« Qu'examinait son office imposant),

« Prends garde à qui t'amène en cet empire :
« Que sa largeur ne t'en impose pas.
— « Hé ! prit alors Virgile, qu'est-ce à dire ?

« Le ferais-tu retourner sur ses pas ?
« Au nom du ciel j'ose ici te prescrire
« De le laisser pénétrer jusqu'au bas. »

Soudain voici, que des voix gémissantes
Viennent à moi : mon oreille écoutait,
Parmi ces lieux, mille notes dolentes.

Aux alentours la lumière se tait ;
Mais, comme l'onde au milieu des tourmentes,
Mugit la grève où mon pied s'arrêtait.

Grondant toujours, une sourde rafale
D'un vol horrible emportait des esprits,
Entrechoqués dans leur ronde infernale :

Et ce ne sont que plaintes, sanglots, cris,
Quand sous leurs yeux le gouffre en bas s'étale :
Contre le ciel hurlent ces noirs proscrits.

J'appris bientôt que ce lieu de souffrance,
Est le séjour des criminels honteux,
En qui la chair tua l'intelligence.

Et d'étourneaux tourbillonnant entre eux,
Comme, aux jours froids, s'enlève un vol immense,
Ainsi le vent fouettait ces malheureux

De çà, de là ballottés dans l'espace :
Et nul espoir ne les vient consoler,
A l'ouragan, jamais trêve ni grâce.

Et, dans le ciel, en modulant son lai,
Comme la grue en file se déplace,
Ainsi, traînant leur accent désolé,

Je vis des morts qu'apportait sur son aile
Un vent de bise, et dis à ce moment :
« Qui sont ceux-ci que l'orage flagelle ?

— « Entre ces morts, je distingue à l'instant,
« Reprit mon guide, une illustre mortelle
« Qui commanda plus d'un peuple puissant ;

« Mais à tel point la hantait la luxure,
« Qu'il n'était pas d'illicite plaisir,
« Suivant sa loi, commode à sa souillure.

« Or cette femme au monstrueux désir,
« De Babylone était la reine impure,
« Sémiramis, de très-haut souvenir.

« L'autre, à côté, de l'amour fut victime,
« Rompant la foi qu'elle dut à Siché ;
« Puis Cléopâtre apparaît sur l'abîme. »

Là, mon regard, sur le gouffre attaché,
Distingue Hélène, et ce fils magnanime
Du vieux Pélé, qu'Amour a retranché.

Je vois Pâris, ombre pâle et meurtrie,
Et bien des noms qu'il m'indiquait du doigt,
A qui l'amour a fait perdre la vie.

Quand tour à tour dame, cavalier, roi,
Eut défilé dans la ronde infinie,
Je restais triste et le cœur gros d'émoi.

« Bien volontiers parlerais-je, ô poète,
« Dis-je, à ces deux qu'ensemble j'aperçois,
« D'un vol léger portés par la tempête.

— « Quand ils pourront reconnaître ta voix,
« Me repart-il, que ta voix les arrête,
« Au nom d'Amour, ils viendront à la fois. »

Sitôt qu'à nous les eut poussés la bise :
« Venez, leur dis-je, ô couple malheureux,
« Si la faveur vous en reste permise. »

Comme au doux nid qui gémit après eux,
Volent unis, nageant contre la brise,
Deux blancs ramiers passagers dans les cieux,

Ainsi du sein de l'ombre où désespère
Encor Didon, le couple me joignit,
Tant à leur cœur ma parole fut chère.

« Courtois ami, doux être que voici,
« Qui nous visite en ce pâle hémisphère,
« Malgré l'horreur du sort qui nous flétrit,

« Si le Seigneur accueillait nos prières,
« Nous lui dirions qu'il te garde en sa paix,
« Puisque tu prends pitié de nos misères.

« Écoute-nous, parle, nous sommes prêts ;
« Nous agirons selon que tu préfères,
« Tant que les vents, calmés, seront muets.

« J'ai vu fleurir la terre où je suis née,
« Près de la mer où le Pô s'engloutit,
« Pour reposer sa course fortunée.

« Amour, de qui tout cœur noble est rempli,
« Charma celui qui suit ma destinée
« Par la beauté que la mort me ravit.

« Amour qui fait amoureux ce qu'on aime,
« Pour cet amant me charmait à mon tour,
« Et tu m'en vois tout éprise ici même.

« Amour nous fit périr un même jour :
« Pour l'assassin, bientôt l'arrêt suprême
« Saura l'atteindre en un plus noir séjour. »

A ces discours des deux âmes blessées,
Comme j'avais les yeux fixés en bas,
Mon maître dit : « Quelles sont tes pensées ? »

En soupirant je répondis : « Hélas !
« Que de désirs, d'illusions bercées,
« Pour aboutir à ce sanglant trépas ! »

Puis j'ajoutai, regardant leur détresse :
« O Francesca, ces sombres souvenirs
« Touchent mon cœur, qui saigne de tristesse ;

« Mais je te prie, au temps des doux soupirs,
« Dis-moi comment l'amoureuse tendresse
« Vous découvrit vos mutuels désirs ? »

Et cette amante : « Il n'est, dans la souffrance,
« Pire douleur qu'un souvenir heureux :
« Ton Maître en sait la triste expérience.

« Mais si ton cœur est pourtant désireux
« Que notre amour raconte sa naissance,
« Je parlerai, les larmes dans les yeux.

« Un jour tous deux nous lisions retracée,
« L'histoire où vit l'amour de Lancelot :
« Nous étions seuls et sans autre pensée ;

« Plus d'une fois, comme pris en défaut,
« Chacun rougit, la paupière baissée,
« Quand un endroit nous perdit aussitôt.

« Lorsqu'à la fin, nous lûmes le passage
« Où l'amant baise un sourire amoureux,
« Celui-ci donc, mon éternel partage,

« Baisa, tremblant, ma lèvre tout en feux.
« Perfide était l'auteur et son ouvrage,
« Et plus avant nous ne lûmes tous deux. »

Tandis qu'ainsi contait son aventure
Un des esprits, l'autre pleurait si fort
Qu'un poids affreux m'oppressait sans mesure ;

Et je tombai comme tombe un corps mort.

## VI

Quand je revins de l'affreuse détresse
Où m'avaient mis, devant moi racontés,
Ces souvenirs d'amour et de tristesse,

Nouveaux tourments et nouveaux tourmentés,
De leur aspect me poursuivant sans cesse,
Devant mes pas, s'offrent de tous côtés.

Je touche alors au cercle de la pluie,
Froide, éternelle, au flot large et pesant,
Toujours la même au regard qu'elle ennuie :

Grosse de neige et de grêle, et roulant,
Par l'air fétide, une eau noire et flétrie
Qui pourrissait la terre en y tombant.

Cerbère, horrible et multiple nature,
Pareil au chien, sans relâche aboyait
Sur les maudits qu'engouffre l'onde impure.

## SIXIÈME CHANT.

Il a l'œil roux, large et triple gosier,
Ventre difforme et baveuse figure :
Il mord, poursuit, griffe chaque noyé.

Sous l'eau, des morts hurle la triste foule,
Et sans repos par la grêle meurtri,
Leur pauvre corps et se tord et se roule.

A notre aspect le reptile ennemi
Montre sa gueule ouverte tout entière :
De tout son corps il s'agite et frémit.

Mon guide alors se baissant vers la terre,
Prend du gravier, qu'il jette à poignet plein
Dans les gosiers de l'avide Cerbère.

Et comme un dogue irrité par la faim,
Rabat son poil hérissé de colère,
Sitôt qu'il peut mordre un morceau de pain,

La bête ainsi cessa soudain d'étendre
Sa triple gueule, étourdissant les morts
Qui sont forcés constamment de l'entendre.

Et nous marchions sur ces ombres, qu'alors
Fouettaient les eaux, le cœur prêt à nous fendre,
En écrasant ce qui semble des corps.

Elles gisaient, se roulant pêle-mêle,
Une excepté, qui fut sur son séant,
Dès qu'elle vit que nous étions près d'elle.

« O toi, dit l'âme, être compatissant,
« Si ta mémoire à cette heure est fidèle,
« Regarde-moi, tu m'as connu vivant. »

Je répliquai : « Peut-être ta souffrance
« De mes pensers t'efface maintenant;
« De t'avoir vu je n'ai pas souvenance;

« Mais dis ton nom, pauvre âme, qu'à présent
« Fatigue un mal qui sans doute est immense,
« Mais avant tout pénible et rebutant.

— « Mon nom! ta ville où déborde l'envie,
« Et qui déjà n'en contient plus le flot,
« Naguère encore a vu fleurir ma vie :

« Ses habitants m'appelaient Ciacco.
« Comme tu vois, dans ce cercle s'expie
« Ma gourmandise, au supplice de l'eau.

« D'ailleurs, il est plus d'une âme en souffrance,
« Qu'en ce lieu-ci même supplice étreint
« Pour même faute. » Alors il fait silence.

Et je lui dis : « Si ton triste destin
« A fait couler mes pleurs en abondance,
« Dis-moi quel sort doit frapper à la fin

« Ceux de la ville aux factions rivales ?
« Est-il un juste encore en ses palais ?
« Qui l'anima de ces haines fatales ?

— « Après, dit-il, bien des soleils troublés,
« Je vois du sang, des luttes infernales,
« Les Noirs vaincus par les Blancs accablés.

« Mais à son tour la faction sauvage
« Doit succomber : l'autre l'emportera,
« Un homme aidant, qui fait double visage :

« Et le front haut sur la terre elle ira,
« De sa rivale abusant avec rage,
« Malgré la honte où celle-ci viendra.

« Je vois encor deux justes qu'on méprise :
« Et les brandons qui dévorent les cœurs,
« Sont votre orgueil, l'envie et l'avarice. »

Il cesse alors d'annoncer les malheurs :
Et je lui dis : « Si j'ai plaint ton supplice,
« De tes discours poursuis-moi les faveurs :

« Farinata, Tegghiaio, naguère
« Encore si grands : Rusticucci, Mosca,
« Dont les esprits s'appliquaient à bien faire,

« Quel est l'endroit que Dieu leur assigna ?
« (Car je voudrais pénétrer ce mystère.)
« Est-ce le ciel ou l'infernal État ?

— « C'est le séjour d'âmes encor plus noires :
« En cet enfer ils habitent plus bas :
« Si tu descends tu verras leurs déboires.

« Or, au doux monde en reportant tes pas,
« Des miens réveille, envers moi, les mémoires.
« Va, maintenant je ne répondrai pas. »

Fixe d'abord, se roula sa prunelle ;
Il regarda quelques moments encor,
Puis retomba dans sa nuit éternelle.

« Et désormais, me dit mon guide, il dort,
« En attendant la trompette immortelle,
« Qui des pervers proclamera le sort.

« Chaque âme alors regagnera sa tombe ;
« Elle y prendra le corps qu'elle a quitté,
« Pour écouter le jugement qui tombe

« Du sein de Dieu parmi l'éternité. »
En cet enfer où la pitié succombe,
Ainsi causant sur l'immortalité :

« Maître, disais-je, après l'arrêt suprême,
» Ce lieu doit-il aggraver leur tourment?
« Sera-t-il moindre, ou bien toujours extrême ?

— « Mon fils, dit-il, la science t'apprend
« Que plus un être est parfait en lui-même,
« Et plus sa peine ou son plaisir est grand.

« Or quoiqu'enfin ne soit jamais parfaite
« Pareille engeance, après le jugement,
« Elle sera néanmoins plus complète. »

Ici, tous deux nous allions à pas lents,
Tenant propos qui touchaient au mystère,
Quand j'atteignis le cercle où l'on descend

Jusqu'à Plutus, l'éternel adversaire.

## VII

Pape Satan, pape Satan aleppe!
Cria la voix du bizarre Plutus.
Mais le Romain soutenant mon courage :

« Va, me dit-il, ne l'appréhende plus;
« Qu'il hurle, crie, et s'excite à la rage,
« Tous ses efforts resteront surperflus. »

Puis regardant l'odieuse figure :
« Paix! loup maudit, reprit mon compagnon :
« Ronge au dedans ta haineuse nature.

« S'il vient ici ce n'est pas sans raison;
« C'est grâce au ciel, où la révolte impure
« A vu Michel écraser le dragon. »

Ainsi qu'en l'air une voile tendue,
S'affaisse, et tombe au flanc du mât brisé,
Telle roula cette bête éperdue.

Or j'atteignais le quatrième fossé,
Hâtant ma course en la rive perdue
Où de partout le mal aboutissait.

Jour du Très-Haut! douleur, peine, supplice,
Qui put ainsi vous tenir entassés?
Que tu nous change, ô coupable injustice!

Comme les flots vers Charybde élancés,
Tous les tourments, dans le noir précipice,
S'entrechoquaient, l'un à l'autre opposés.

Là, plus qu'ailleurs, une gent misérable,
De la poitrine, à grand'peine, hurlant,
De deux côtés, roule un poids formidable :

Puis de deux parts à la fin se heurtant,
Tombe, en criant d'une voix lamentable :
— Pourquoi tenir et lâcher maintenant! —

Du choc ainsi rejetés en arrière,
On voit, aux bords opposés du rayon,
Se reformer ces jouets de misère.

Qui de nouveau tournent encore en rond,
Pour voir encor se briser leur carrière.
Et moi, penché sur le gouffre profond :

Je m'écriai : « Seraient-ce d'aventure,
« Maître, en ce lieu, des prêtres que l'on voit,
« Tournant à gauche, et portant la tonsure ? »

Il répliqua : « Ces ombres en émoi
« N'usaient de rien sur terre avec mesure,
« Tant leur esprit voyait peu devant soi.

« Leur cri perçant dit assez leur misère,
« Quand chacun touche à ce milieu fatal,
« Où les sépare une faute contraire.

« Plus d'un, jadis, fut pape ou cardinal,
« Entre ces morts, aux fronts chauves, naguère
« Souillés pour l'or d'un amour sans égal.

— « Maître, et sans doute en puis-je reconnaître
« Un.... qui jadis en ses jours éclipsés,
« Dans cette lèpre aura pu m'apparaître ? —

Le Sage alors : « Inutiles pensers !
« Leur vie obscure, en ravalant leur être,
« Dans son oubli les tient embarrassés.

« Toujours au choc ira leur folle armée :
« De leur sépulcre on les verra sortir,
« La tête chauve, ou bien la main fermée.

« Ils ne savaient donner ni retenir :
« Et c'est pourquoi leur âme infortunée
« Pleure le ciel qu'ils se sont vu ravir ;

« Par eux, des biens livrés à la fortune,
« Juge combien le règne est circonscrit,
« Quoiqu'on y place une ardeur importune.

« Avec tout l'or qu'enviait leur esprit,
« Qui soit sur terre, et brille sous la lune,
« En auraient-ils un moment de répit ?

— « Maître, éclaircis, s'il te plaît, ce mystère.
« Cette fortune, objet de tes discours,
« Qu'est-ce, et qui fait qu'elle a tout sur la terre ?

— « O vains mortels qu'aveuglera toujours,
« Me repart-il, une erreur mensongère!
« Écoute, et vois ce qui règle vos jours.

« Formant les cieux, dès leur aube première,
« Le Tout-Puissant leur donna des moteurs,
« Pour que chacun se prêtât sa lumière,

« Et partageât ses divines splendeurs :
« De même aussi cette main tutélaire
« Fit un gardien des mondaines grandeurs,

« Qui fit passer le cours de vos richesses,
« De race à race, à des peuples divers,
« Malgré l'effort de vos vaines sagesses.

« Un peuple ainsi, quand l'autre est dans les fers,
« Règne, selon qu'épanche ses largesses,
« A petit bruit, l'âme de l'univers.

« Votre savoir contre elle est impuissance :
« Elle prévoit, juge à tous les instants,
« Fondant partout sa divine puissance.

« Toujours constante en ses seuls changements,
« Nécessité rend sa vitesse immense,
« Car, tour à tour, homme ou peuple a son temps.

« Sur un gibet, souvent elle est clouée,
« Même par ceux qui lui doivent honneur,
« Et qui la font honteuse et bafouée.

« Mais elle, heureuse, est sourde à leur clameur,
« Et de ses sœurs primitives, louée,
« Roulant sa sphère, y roule son bonheur.

« Or descendons vers une autre détresse,
« Car le flambeau qui brillait au départ,
« Hâtant nos pas, sur l'horizon s'abaisse. »

Du cercle ici nous coupons le rempart,
Passant le bord, où l'eau bout et se presse
Vers une fosse importune au regard.

L'œil, du courant perce l'onde avec peine :
Et descendant le long du flot bourbeux,
Nous le suivons dans sa route incertaine.

Ce ruisseau forme un marais ennuyeux,
Appelé Styx, quand sa course l'amène
Aux mornes bords des méphitiques lieux.

Là, l'œil avide, observant le rivage,
Je vois des morts, fangeux, sur le bourbier,
Nus dans la vase, et meurtris au visage.

Ils se frappaient, tantôt avec le pied,
Tantôt des mains, de la tête, avec rage,
Broyant leurs chairs, sous la dent, par quartier.

« Ici sont ceux qu'a vaincus la colère,
« Dit le poète, et de plus sois certain
« Qu'outre ceux-ci, dont tu vois la misère,

« Une autre foule est sous l'eau qui se plaint,
« Soufflant dehors une bulle légère,
« Qui de partout monte, glisse et s'éteint. »

Or les damnés nous criaient de leur place :
« Notre âme, au monde où l'air peut se glisser,
« Fut triste, en soi se créant sa disgrâce,

« Et triste elle est maintenant sous la vase. »
Et comme à peine ils peuvent prononcer,
Dans leur gosier cet hymne s'embarrasse.

Pour nous, formant comme un arc à l'entour
De l'eau fétide, au bord du précipice,
Nous avancions, regardant leur supplice,

Quand à nos yeux se présente une tour.

## VIII

Or, détachant ses créneaux sur l'abîme,
La tour encore au lointain se dressait,
Quand nos regards s'arrêtent sur la cime.

Double et petite une flamme y brillait :
Puis répondant, un autre feu s'anime,
Si loin, que l'œil à peine y parvenait.

Du maître alors j'invoquai la science :
« Pourquoi ces feux qui semblent se croiser ?
« Qui les allume et les tient à distance ?

— « Sur le marais que tu vas traverser,
« Vois, repart-il, quelque chose s'avance.
« On attendait, regarde-la passer. »

Non jamais l'arc, en lui donnant une aile,
Si vite en l'air ne fit glisser un trait,
Que je ne vis la petite nacelle,

Qui sur le flot, prompte, à nous accourait,
Ne supportant qu'un batelier sur elle,
Qui s'écriait : — Félon, te voilà prêt !

— « Hé ! Flégias, à quoi bon ta colère ?
« Reprit Virgile. Aide-nous à passer,
« Puis tu seras libre à ton ordinaire. »

L'air de dépit qui vient embarrasser
L'homme confus d'une dupe grossière,
Fut bien celui du dépité nocher.

Mon compagnon descendit dans la barque,
Et près de lui me plaçant aussitôt,
Mon poids chargea l'esquif où je m'embarque.

Étant tous deux assis sur le bateau,
La proue antique, en y creusant sa marque,
Semblait parfois descendre au fond de l'eau.

Tandis qu'ainsi je sillonnais l'eau morte,
— « Qui donc es-tu ? fit l'un des torturés,
« Toi qu'avant l'heure ici la barque apporte ?

— « Un qui descend pour repartir après ;
« Mais qui souilla ton âme de la sorte?
— « Tu vois, dit-il, mes pleurs désespérés.

— « Oui, je les vois ; mais reste et toujours pleure :
« Je te connais maintenant, ô maudit,
« Malgré la fange où tu plonges à cette heure. »

Et comme il prend la barque, et s'y roidit,
« Va, fit mon maître en le poussant, demeure ;
« Avec les chiens, roule et tombe engourdi. »

Puis me tenant serré sur son visage :
« O béni soit le sein qui t'enfanta,
« Dit-il à moi, fier et noble courage.

« D'orgueil, cette âme autrefois se gonfla ;
« Mais sans talent, rien d'elle ne surnage,
« Et c'est pourquoi furieuse elle est là.

« Combien sont rois dans leurs âmes hautaines,
« Qui dans l'enfer sont pareils aux pourceaux,
« Ne laissant d'eux qu'un souvenir de haines. »

Et je lui dis : « J'aurai l'âme en repos,
« S'il plonge au fond de ces fanges malsaines,
« Avant l'instant que nous quittions ces flots.

— « Va, repart-il, avant que le rivage
Soit sous tes yeux, tu seras satisfait;
Un tel plaisir est trop digne d'un sage. »

Et je vis là qu'au damné s'acharnait
La gent fangeuse, y mettant telle rage,
Qu'encore à Dieu je rends grâce et respect.

Tous, ils criaient : « Sus à Philippe Argente ! »
Et s'excitant, l'ombre du Florentin
Tournait contre elle une dent grimaçante.

Nous le laissons tout seul à son destin,
Quand une voix vient à nous gémissante,
Et l'œil ouvert, je sondai le lointain.

— « Or nous voici près de la cité sombre,
« Dit le Romain, que l'on nomme Dîté,
« Au peuple morne, aux citoyens sans nombre.

« Et vois, peignant déjà l'obscurité,
« Ses minarets qui rougissent dans l'ombre,
« Comme le fer en la forge apprêté.

« Au dedans sont les flammes éternelles
« Qui, les teignant de rougeâtres lueurs,
« Sortent en flots d'ardentes étincelles. »

La barque arrive au bord des profondeurs,
Muet rempart de ces terres cruelles :
Un mur de fer en gardait les hauteurs.

Et notre course ondoyante, expirée,
S'offrit un golfe, où la voix du nocher
Cria soudain : — Allez, voici l'entrée.

Je vis alors aux portes s'approcher,
Ces flots d'esprits vomis par l'empyrée,
Qui me criaient : « Que descends-tu chercher,

« Toi qui, vivant, visites ce royaume ? »
Et pour causer un moment avec eux,
Mon maître allant droit au premier fantôme,

Je les crus voir un peu moins furieux :
« Viens, dit la troupe, et laisse là cet homme
« Assez osé pour entrer en ces lieux ;

« Qu'il recommence à lui seul le voyage :
« Il peut partir ; mais toi tu resteras,
« Qui sur l'abîme escortais son passage. »

Juge, lecteur, si mon sang se glaça,
Oyant alors un ordre aussi sauvage ;
De tout retour mon cœur désespéra.

« Guide chéri, qui, dans mainte aventure,
« M'as préservé de cent périls affreux,
« En qui mon âme uniquement s'assure,

« Ne m'abandonne en ce pas hasardeux ;
« Si jusqu'ici ma route se mesure,
« Viens, retrouvons nos traces tous les deux. »

Je parle ainsi, mais mon guide fidèle :
« Sois assuré ; qui bornerait nos pas,
« Quand nous soutient la puissance éternelle ?

« Attends-moi donc, et si ton cœur est las,
« D'un doux espoir réconforte son zèle ;
« Je reviendrai, d'ici tu sortiras. »

Disant ces mots, mon seigneur et mon père
S'en va, laissant son triste serviteur,
Que combattait l'incertitude amère.

Et je ne sais quel discours est le leur,
Mais avec eux lui ne demeura guère,
Et je les vis retourner en fureur.

Sur sa poitrine, ils referment la porte,
Et lentement, alors mon compagnon
S'en vint à moi, repoussé de la sorte,

Les yeux baissés, la rougeur sur le front,
Disant, confus d'une audace aussi forte :
« Qui m'a fermé la dolente maison ? »

Il ajouta : « Si mon âme s'irrite,
« N'en sois ému, je sortirai vainqueur,
« Quoi que derrière à présent on agite.

« De leur orgueil on connaît la fureur ;
« Ils l'ont fait voir à la porte maudite,
« Qui libre encor s'ouvre sur la douleur :

« Tu vis l'écrit de la mort à son faîte. »
Et comme il parle, apparaît sur le seuil,
Celui qui seul, en forçant leur retraite,

De ces remparts abaissera l'orgueil.

# IX

Or la pâleur qui monte à mon visage,
En le voyant sur ses pas revenir,
Ota la sienne à ce glorieux sage.

L'oreille avide, il tâchait de saisir,
Car la vapeur du sombre marécage
Était à l'œil impossible à franchir.

« Et cependant nous aurons la victoire,
« S'écria-t-il, ou sinon... ce sauveur...
« De son retard ici que faut-il croire ? »

Je vis qu'après, pour m'ôter ma frayeur,
Il revêtait d'une couleur moins noire
Ces mots troublés qui causaient ma terreur.

Mais néanmoins m'effraya son langage,
Car ses discours, deux fois interrompus,
Me paraissaient d'un sinistre présage.

« Hé quoi, lui dis-je, en ces gouffres perdus,
« Ame jamais se fit-elle un passage,
« Du premier cercle où nul espoir n'est plus ? »

Il me réplique : « En vérité les ombres,
« O mon cher fils, descendent rarement
« Du premier cercle, en ces royaumes sombres.

« Mais Érichtho m'y manda cependant,
« Elle qui sait, par les magiques nombres,
« Rappeler l'âme au corps qui la reprend.

« Ma chair pleurait depuis peu mon absence,
« Quand Érichtho, pour ranimer un mort,
« De mon secours emprunta l'assistance.

« Des plus bas lieux, je dus tenter l'abord,
« Y plongeant loin du ciel au cintre immense :
« Je sais la route, et tu craindrais à tort.

« Ce marécage à l'importune haleine
« Ceint à l'entour la dolente cité
« Qui ne se laisse aborder qu'avec peine. »

Or le poëte en ces mots s'exprimait ;
Mais j'avais l'œil à la cime hautaine
Qui sur la tour, flamboyante, éclatait.

A ce moment s'y dressent trois furies,
Filles d'enfer aux visages sanglants,
Aux traits de femme, aux formes amaigries.

De cercles verts, hydres ceignaient leurs flancs :
Coiffant leur tête et leur tempe flétrie,
Pour seuls cheveux s'y roulaient des serpents.

Et me montrant l'horrible compagnie
Qui suit les pas de la reine des pleurs :
« Vois, dit Virgile, ici chaque Érynnie.

« Mégère à gauche accompagne ses sœurs,
« Par Alectho vers la droite suivie ;
« Vois au milieu Tisiphone en fureurs. »

Leur ongle bat leur flanc nu qu'il lacère ;
Frappant des mains, si féroce est leur cri,
Qu'auprès du guide en tremblant je me serre.

« Vienne Méduse, il sera pierre aussi,
« Criait chacune en regardant à terre;
« Thésée à tort obtint de nous merci ! »

— « Tourne la tête et cache ton visage,
« Car si tu vois la Gorgone un moment,
« Plus de retour à ton fatal voyage »,

Me dit mon maître; et lui-même à l'instant
Me détourna, me croyant trop peu sage,
Et mit la main sur mes yeux prudemment.

O vous, lecteurs, dont l'âme est pénétrante,
Cherchez quel sens enferme à ce moment
Le court récit que mon vers vous présente.

Et sur les flots turbulents s'avançait
Le long fracas d'un bruit plein d'épouvante,
Qui près des bords en grondant se brisait,

Semblable au vent, précurseur de tempête
Qui, dans les jours d'étouffante chaleur,
De la forêt fait incliner la tête,

## NEUVIÈME CHANT.

Arrache l'arbre, et joue avec la fleur,
Marche orgueilleux du sable qu'il projette,
Et met en fuite animaux et pasteur.

Virgile alors, me découvrant la face,
« Regarde là, dit-il, cette vapeur
« Qui du marais recouvre la surface. »

Et comme on voit grenouilles, de frayeur
Sautant à l'eau, se cacher sous la vase,
Quand un serpent les pourchasse en fureur,

Ainsi fuyaient mille âmes en déroute,
Devant quelqu'un qui, du Styx, à pas lent,
Foule à pied sec le fleuve qu'on redoute.

De son visage il va l'air écartant,
Son bras à gauche étendu vers sa route,
Et fatigué de ce soin seulement.

C'était un fils du brillant empyrée.
Se retournant, mon maître m'enjoignit
De saluer la vision sacrée.

Qu'il s'indigna sur l'enfer interdit !
De sa baguette il a touché l'entrée
Qui cède, ouvrant son passage maudit.

« Bannis du ciel, ô méprisable engeance,
« S'écriait-il, près de l'horrible seuil,
« Qui vous inspire une telle arrogance ?

« Contre le ciel que vous sert cet orgueil ?
« En sauriez-vous ébranler la puissance,
« Qui tant de fois redoubla votre deuil ?

« Révoltez-vous, race trop impudente !
« Pour l'avoir fait, votre Cerbère affreux,
« S'il vous souvient, hurle encor d'épouvante. »

Puis il s'en va par le chemin bourbeux,
Sans nous parler, la face rayonnante,
Comme occupé d'un soin mystérieux.

Pour nous, nos pas s'avancent vers la terre,
Qui devant nous s'ouvre paisiblement,
Sentant au cœur une assurance entière.

Sans nul combat, nous entrons librement,
Et moi, dont l'œil veut sonder le mystère
Que ces hauts murs enferment dans leur flanc,

Dès le début mon regard se promène,
Et j'entrevois un vallon infini,
Couvert de deuil et d'une étrange peine.

Non loin des bords où le Rhône croupit,
Comme on peut voir dans Arles la romaine,
Ou dans Pola, bourg à peine agrandi,

Sous les tombeaux se dérober la terre,
Ainsi l'enfer disparaissait sous eux,
Mais que la vue en était plus amère !

De tombe à tombe, on voit glisser des feux
Qui, sous la flamme ardente et meurtrière,
Chauffent leurs flancs remplis de malheureux.

De toutes parts les couvercles se lèvent,
Et ce sont là des cris si pénétrants,
Que c'est pitié quand les morts les achèvent.

Et je disais : « Qui sont donc au dedans
 « Ceux qui du fond des cercueils qu'ils soulèvent,
 « Sont révélés par ces plaintifs accents?

— « L'hérésiarque y pleure, dit mon maître,
 « Avec sa secte, et ces tombeaux sans fin
 « Sont plus remplis qu'ils ne sembleraient l'être.

« De son pareil chacun est le voisin :
 « Et plus ou moins la chaleur les pénètre. »
A droite alors il reprend son chemin,

Près des cercueils, me tenant par la main.

# X

Par un sentier qui bientôt se resserre,
Entre les murs et les sombres tombeaux,
S'en va mon guide, et je suis par derrière.

« O noble esprit, qui des lieux infernaux
« Me fais passer le douloureux mystère,
« Daigne, disais-je, ajouter un propos.

« La gent qui gît parmi ces sépultures,
« La peut-on voir ? aussi bien dirait-on
« Que les cercueils lèvent leurs couvertures. »

Et lui : « Mon fils, ils se refermeront,
« De Josaphat quand les races impures,
« Avec leurs corps ici redescendront.

« De ce côté se trouve un cimetière
« Pour Épicure, et ceux qui font mourir
« L'âme et le corps de la même manière.

« Or, d'un tombeau qui commence à s'ouvrir,
« A ta demande un mort va satisfaire,
« Mais plus encore à ton secret désir. »

Et j'ajoutais : « Si j'ai tu ma pensée,
« C'est pour ne pas t'importuner toujours,
« Ne m'as-tu pas ma réserve imposée ? »

— « O Florentin, qui, tout vivant, parcours
« La plaine en feu, la paupière baissée,
« De ton trajet veuille arrêter le cours.

« Ta voix m'a fait aisément reconnaître
« Un des enfants de ce noble pays,
« A qui je fus trop funeste, peut-être. »

Soudain ces mots dans l'ombre étaient sortis
D'un des cercueils, et plus proche du maître,
Les entendant, je me serre surpris.

« Regarde donc, s'écria le poète
« Farinata dressé sur son séant,
« De la ceinture entier jusqu'à la tête ! »

## DIXIÈME CHANT.

Ma vue alors, vers lui se reportant,
Le buste altier en arrière se jette,
Ayant l'enfer en mépris tout-puissant.

Mon compagnon, m'arrachant à mon rêve,
Me pousse à lui par les tombes de feux,
Disant ceci : « Ta parole soit brève ! »

Quand le cercueil fut proche de mes yeux,
D'un air hautain qu'un fier sourire achève :
« Toi, dit l'esprit, quels furent tes aïeux ? »

Moi qui cherchais d'abord à lui complaire,
Rien ne lui cèle, et lui dis mes pensers,
Il lève alors un peu plus la paupière.

« Terriblement, dit-il, aux jours passés,
« A mon parti ton parti fut contraire ;
« Aussi vous ai-je à deux fois expulsés. »

— « Oui, si les miens furent chassés sans doute,
« Au moins, repris-je, ils rentrèrent bientôt :
« Vous, du retour désapprîtes la route. »

Alors au bord entr'ouvert du tombeau,
Jusqu'au menton, se dresse et nous écoute,
Une ombre pâle, et soupirant tout haut.

Là, s'assurant qu'aucune âme bénie
Ne lui venait de la terre, à part moi,
Quand sur ce point fut la sienne éclaircie :

« O toi qui viens dans ce séjour d'effroi,
« Dit-elle en pleurs, grâce à ton beau génie,
« Pourquoi mon fils n'est-il pas avec toi ? »

Je répondis : « Je viens avec un maître,
« Et pour celui qui m'amène à présent,
« Votre Guido le dédaignait peut-être. »

En vérité j'avais à son tourment,
Su l'âme en peine aisément reconnaître,
Et c'est pourquoi je ne fus hésitant.

« *Le dédaignait!* m'as-tu dit? cria l'ombre,
« Sous le soleil mon fils a donc vécu ?
« Les morts aussi le comptent de leur nombre ! »

L'esprit voyant mon silence, éperdu
Il retomba dans son sépulcre sombre
A la renverse, et soudain disparut.

Mais à côté, l'âme superbe et fière,
Pour qui j'étais demeuré plus longtemps,
Se tenait droite, et la tête en arrière.

« Et si les miens, dit-elle, en sourds accents,
« Ont du retour désappris la manière,
« J'en souffre plus que de ces lits ardents ;

« Mais n'aura pas rallumé son visage
« Cinquante fois, celle qui règne ici,
« Qu'à votre tour vous aurez même outrage.

« Et si là-haut je te souhaite aussi
« De retourner, dis-moi pourquoi la rage
« Dont vos décrets nous frappent sans merci ? »

Je répliquai : « C'est l'indigne carnage
« Qui colora l'Arbia de son sang,
« Qui donne aux lois cet odieux langage. »

Il secoua la tête en soupirant :
« Étais-je seul à prêter mon courage,
« Et sans nul droit dans ce fatal instant ?

« Mais quand chacun voulut raser Florence,
« J'étais le seul alors, et le front haut
« J'osai parler de prendre sa défense.

— « Puissent les tiens se reposer bientôt !
« Dis-je à mon tour, mais veuille en ma présence
« Sur ce sujet m'éclairer d'un seul mot.

« C'est qu'il me semble ici, je le confesse,
« Que vous plongez dans l'avenir douteux,
« Mais que le sens du présent vous délaisse.

— « Dans le lointain percent encor nos yeux,
« Pareils à ceux dont la vue est mauvaise :
« C'est la lueur que nous laissent les cieux.

« Mais quand les faits sont près de leur naissance,
« S'évanouit notre lucidité ;
« De votre état nous perdons connaissance.

« Et par ceci, vois l'inutilité
« Dont nous sera notre vaine science,
« Quand se clora le futur arrêté. »

Là mon esprit, revenant sur lui-même,
« Apprends, repris-je, au damné que j'ai vu,
« Que son Guido n'est pas encor perdu :

« Que si plus tôt je n'ai pas répondu,
« C'est que j'avais dans l'esprit, le problème
« Qui vient de m'être à l'instant résolu. »

J'entends ici mon maître qui m'appelle,
Je priais donc l'âme, me dépêchant,
De me nommer ceux qui sont avec elle.

« Ils sont nombreux, repart-elle, à présent :
« Du cardinal ci-gît l'âme cruelle
« Et Frédéric second. Or maintenant

« J'en ai fini. » Soudain disparaît l'ombre ;
Et du côté du guide j'avançais,
Triste, et rêvant l'avenir le plus sombre.

Or il me dit : « D'où viennent ces pensers
« Parmi lesquels ton esprit lutte et sombre ? »
De lui répondre ici je m'empressais.

« Conserve donc, me repartit le sage,
« Au fond du cœur ce dernier souvenir,
« [Et levant là son austère visage]

« Quand son bel œil qui sait tout découvrir
« Luira sur toi, la dame au doux langage
« De tes destins te dira l'avenir. »

Sur ce propos, loin du mur il chemine,
Prenant alors un sentier détourné,
Qui vers la gauche en un val se termine,

Et là s'exhale un souffle empoisonné.

## XI

Au bord abrupt d'une rive escarpée,
De rocs brisés se fermant à l'entour,
De plus d'horreur j'avais l'âme frappée.

Et là, l'odeur infecte du séjour,
S'étant vers nous de l'abîme échappée,
L'air empesté nous fit arrêter court

Près d'un cercueil, où je lus cette phrase :
— Ci-gît celui que Photin détourna
Du droit chemin, le pontife Anastase. —

« Or, à pas lents dirigeons-nous par là,
« Pour qu'à l'haleine importune, se fasse
« De l'odorat le sens trop délicat. »

Me dit mon maître ; et partant, je le prie
De vouloir bien, me montrant le chemin,
Me faire ouïr sa parole chérie.

« Entre ces rocs, apprends, dit le Romain,
« Que par trois fois l'enceinte est rétrécie
« D'un triple cercle enfermé dans leur sein.

« Ce ne sont là que des âmes damnées :
« Sache pourquoi dans trois lieux cependant,
« L'enfer ainsi les tient emprisonnées.

« Toute malice, en haine au Dieu vivant,
« Voit vers le mal les âmes entraînées,
« Par violence, ou fraude également.

« Mais fraude à l'homme étant le propre vice,
« Dieu la hait plus : aussi sont gémissants,
« Les frauduleux, dans le plus bas supplice.

« Le premier cercle est plein de violents :
« Mais étant triple une telle injustice,
« Il réunit trois rayons différents.

« Dieu, l'homme, ou soi, le pécheur violente
« En leur personne, ou touchant leur objet,
« Comme ceci va t'en donner l'entente.

« On peut tuer son prochain par forfait,
« Blesser son corps ; à ses biens on attente
« Par le pillage, ou semblable méfait.

« C'est pourquoi donc brigands et meurtriers,
« Par troupe, au bas, diversement tourmente
« Un premier gouffre arrondi sous nos pieds.

« On peut aussi se faire violence ;
« Perdre son bien : dès là dans ce séjour,
« Un second gouffre enferme la souffrance

« De qui hâta là-haut son dernier jour,
« Joua son bien sans mesure ou prudence,
« Et pleure, au lieu d'être heureux à son tour.

« Le violent peut s'en prendre à Dieu même,
« Le renier, blasphémer en son cœur,
« Et sa nature, et sa bonté suprême :

« Et c'est pourquoi moins encor de largeur
« Scelle Sodome, et rend farouche et blême,
« Avec Cahors, l'ennemi du Seigneur.

« Quant à la fraude, en sa malice impie,
« Elle trahit qui nous donne sa foi,
« Ou bien surprend qui de nous se défie.

« Or, de l'amour la naturelle loi
« Réprouvant donc la dernière infamie,
« Le second cercle enferme à juste droit

« Race hypocrite, et flatteur, et faussaire,
« Et les voleurs, et qui jette le sort,
« Simoniaque, et sa secte ordurière.

« Toutefois l'homme est bien plus vil encor
« En se livrant à la fraude première,
« Car, ô mon fils, par ce crime il fait tort

« A cet amour, d'où naît la confiance :
« Au dernier cercle, en la sombre Dité,
« Le traître aussi dévore sa souffrance. »

Je dis ici : « Mon maître, avec clarté,
« Tu m'expliquas l'abîme où je m'avance,
« Et les esprits dont il est habité ;

« Mais tous ces morts hôtes du marécage,
« Jouets des vents, par la grêle battus,
« Ceux qui poussaient leur cri rauque et sauvage,

« Hors de Dité pourquoi sont-ils reçus
« Si Dieu les hait?... Pourquoi leur esclavage
« Si le Très-Haut ne les déteste plus? »

Et lui : « D'où vient ce penser téméraire,
« Qui jusqu'ici n'égarait pas ton cœur ?
« Pouvais-tu donc un moment t'y complaire,

« De ton *Éthique,* ô l'oublieux auteur ?
« Toi qui traitais dans cet écrit, naguère,
« De trois péchés qu'a le ciel en horreur :

« Incontinence, et fureur bestiale,
« Et la malice; et là, concluais-tu,
« Qu'incontinence est la moins infernale.

« Si de ce point tu restes convaincu,
« Voyant ici, hors la Dité fatale,
« Quelle est la gent que l'abîme reçut,

« Tu comprendras pourquoi Dieu la sépare
« De ces pervers, et moins dans sa fureur
« Son puissant bras la flagelle au Tartare.

— « Se plaît si fort mon âme à ta lueur,
« Flambeau chéri de notre œil qui s'égare,
« Qu'en t'écoutant je bénis mon erreur.

« Mais voudrais-tu revenir en arrière ?
« Car tu m'as dit que l'usure offensait
« Le Créateur : éclaircis ce mystère.

— « Le philosophe, aux jours de ton passé,
« T'apprit, dit-il, de la nature entière,
« Qu'en l'art de Dieu la source reposait,

« Comme en sa haute et pure intelligence :
« Or, si tu lis ta *Physique* en son lieu,
« Tu concevras sans peine l'assurance,

« Que votre art suit nature autant qu'il peut,
« Comme un disciple, un maître en la science,
« Si bien qu'il est le petit-fils de Dieu.

« Telle est, d'après Moïse et la Genèse,
« La double source où le livre divin,
« Nous fait puiser la vie et la richesse.

« Mais l'usurier suit un autre chemin :
« Bravant nature et l'art qui la copie,
« Il place ailleurs un espoir faux et vain.

« Hâtons le pas maintenant, je te prie,
« Car au lointain les Poissons se font voir ;
« Et du rocher la descente hardie

« Là-bas déjà se laisse apercevoir. »

## XII

En cet endroit si rude est la descente,
Et son aspect d'horreur si hérissé,
Que le regard en plongeant s'épouvante.

Depuis qu'au flanc de l'Adige écrasé
Un mont croula, soit qu'aux rives de Trente,
Le sol tremblât, soit qu'il se fût creusé,

Du haut des monts d'où partit le ravage,
Jusqu'à la plaine, aux pas du voyageur
Le rocher droit livre à peine un passage :

Ainsi du gouffre était la profondeur ;
Et sur le haut, gît le monstre sauvage
Des bords crétois l'opprobre et la terreur,

Issu des flancs de la fausse génisse.
Et nous voyant, soi-même il se mordit,
Comme s'il eût dévoré son supplice.

Mon maître alors l'apercevant, lui dit :
« Penses-tu donc voir ici l'entreprise,
« Et de Thésé le bras qui te perdit ?

« Retire-toi, brute ! en ce sombre abîme,
« Ta sœur n'a point dans sa course amené
« Ce visiteur de la peine et du crime. »

Comme un taureau, d'un grand coup prosterné,
Libre trop tard du lien qui l'opprime,
Roule, par bonds vers sa chute entraîné,

Tel chancelait le hideux Minotaure.
Et le poète : « Au passage à l'instant,
« Cours, me dit-il, tant qu'il rugit encore. »

Nous suivons lors un échafaud mouvant
D'informes blocs, dont la chute sonore
Sous notre marche allait retentissant.

Et le Romain me dit ces mots : « Tu pense
« A ces débris que la bête en fureur,
« N'osa garder pourtant en ma présence.

« Lorsqu'autrefois je pénétrais l'horreur
« Du sombre empire, alors ce roc immense
« Montrait encore intacte sa hauteur.

« Mais je le crois, peu de temps avant l'heure
« Où vint celui qui ravit à Dité
« Les morts peuplant la première demeure,

« D'un long émoi sourdement excité,
« Ce val trembla : dans sa sphère meilleure,
« Je crus d'amour l'univers agité :

« D'autres croyaient à la chute du monde :
« Et dans ces jours le roc se crevassa,
« Montrant partout sa ruine profonde.

« Fixe le gouffre, et ton œil y verra
« Une rivière, où le sang bout et gronde
« Sur qui naguère au prochain s'attaqua. »

Cupidité! vaine et folle colère!
Or ainsi donc vous agitez nos jours,
Pour nous bercer d'éternelle misère!

Un grand fossé développait son cours
En arc immense, et sur la plaine entière
J'en distinguais les odieux contours.

Là, sur la rive, au bas de la descente,
De traits légers des centaures munis,
L'arc à la main, mènent leur chasse ardente.

Et trois d'entre eux, tout à coup réunis,
Courent à nous sur la grève mouvante,
Avec un arc et des flèches choisis.

Un d'eux criait : « Qui vous a fait descendre
« De ce côté ? Quel est votre tourment ?
« Parlez, sinon ce trait va vous surprendre. »

— « Hé là ! l'archer, prit mon maître à l'instant,
« C'est à Chiron qu'il nous faut tout apprendre ;
« Es-tu toujours aussi peu patient ?

« C'est ce Nessus qui, mort pour Déjanire,
« Ajoute ici Virgile en souriant,
« Mort, se vengea de son propre martyre.

« Tout au milieu, son poitrail regardant,
« Voilà Chiron qui sut Achille instruire :
« L'autre est Folus de rage encore ardent. »

Je les voyais qui contournaient l'abîme,
Perçant les morts qui passaient le niveau
Qu'au lac de sang leur désignait leur crime.

Nous trouvant près de la bande, aussitôt
Chiron saisit un trait, son œil s'anime,
Et retroussant sa barbe par le haut,

Large il montra sa bouche tout entière,
Disant aux siens : « Voyez-vous tout trembler
« Devant celui qui suit l'autre en arrière ?

« Au pas d'un mort rien ne saurait branler. »
Mais approchant de sa poitrine altière,
Où l'on voyait deux êtres se mêler :

« Va ! dit mon maître, il est vivant : moi-même
« Conduis sa marche en la plaine de mort :
« A lui s'attache un intérêt extrême.

« En sa faveur, suspendant son accord,
« S'est tu l'écho de l'hosanna suprême,
« Et l'amenant, je ne romps pas mon sort.

« Par la vertu qui soutient le voyage
« Où tend ma course en cet âpre chemin,
« Que l'un des tiens dirige mon passage,

« Et nous conduise au gué le plus voisin ;
« A ce vivant prête son dos sauvage ;
« Ainsi qu'une ombre il n'est subtil et vain. »

Comme à sa droite était Nessus encore :
« Toi, dit Chiron, sois leur guide, et partant,
« Garantis-les des flèches du centaure. »

Sous cette escorte on s'ébranle, en marchant
Le long du flot qu'un sang rouge colore,
Où des damnés bouillaient en se plaignant.

Jusqu'aux sourcils y plongeaient quelques âmes.
Nessus nous dit : « Ce sont là les guerriers
« Qui se souillaient dans le sang et les flammes.

« On pleure ici les crimes sans pitiés :
« Vois Alexandre, et sous ses lois infâmes
« Celui qui tint Syracuse à ses pieds.

« De noirs cheveux ce front haut qui s'ombrage,
« Est Ezzelin ; celui qui paraît blond
« Est Obizzo ; crois-en mon témoignage,

« Son fils le mit à mort par trahison. »
Mon œil regarde un moment ce visage,
Puis, je poursuis ma route en ce vallon.

Deux pas plus loin, le centaure examine,
Jusques au col, sous le sang enfoui,
Un groupe, à qui la tête encor domine.

On voit celui qui frappa sans merci,
Au sein de Dieu, le cœur et la poitrine
Qui saigne encor dans Londres aujourd'hui.

Là, j'aperçus non-seulement des têtes
Sur le fossé, mais des torses entiers,
Reconnaissant plusieurs ombres muettes.

## DOUZIÈME CHANT.

Et comme alors, à grand'peine, à nos pieds,
Le flot de sang venait teindre la terre,
Je me hasarde à passer le courant.

« De même ici que tu vois la rivière,
« Dit le centaure, aller en s'abaissant,
« De même aussi s'achève sa carrière

« A l'autre bord, toujours en s'élevant :
« Jusqu'au moment qu'en sa course dernière,
« Elle engloutisse à la fin le tyran.

« C'est là le terme, où le Très-Haut flagelle
« Cet Attila, du monde le fléau,
« Pyrrhus, Sextus, et de rage éternelle,

« Y fait hurler René de Corneto,
« Et ce Pazzi dont la main criminelle,
« Aux grands chemins tant guerroya là-haut. »

Puis, s'en alla le centaure au galop.

## XIII

Nessus à peine atteint l'autre rivage,
Que nous entrons sous un bois ténébreux,
Où nul sentier ne marquait un passage.

Point de verdure en ces funestes lieux,
Mais quelques troncs tordus, dont le feuillage
N'est recouvert que de fruits vénéneux.

Moins âpre et noire, est la sombre ramure
Où sont cachés les fauves animaux,
Qui fuient Cécine, et sa verte culture.

Là se voyaient ces étranges oiseaux,
Triste produit de la harpie impure,
Qui du Troyen prophétisa les maux.

Leur aile est large, ils ont figure humaine,
Ongles puissants, ventre énorme et velu :
Sous ces bosquets leur chant triste se traîne.

« Or, cette enceinte où je suis parvenu
« C'est la seconde, et celle-ci me mène,
« Dit le poète, au bord qui montre à nu

« La région douloureuse des sables.
« Regarde donc, et tu vas voir un fait
« Dont les récits paraissent incroyables. »

J'entends alors un accent étouffé ;
Mais qui poussait ces plaintes lamentables ?
Je n'en vis rien : je restais stupéfait.

Mon compagnon s'imagina, je pense,
Que je croyais cet accent échappé
A des esprits qui fuyaient ma présence.

« Ton cœur, dit-il, est fort préoccupé ;
« Brise une branche, et j'ai ferme croyance
« Que ton esprit sera bien détrompé. »

Ma main pour lors vers un rameau s'avance,
Et le saisit : « Pourquoi me brises-tu ? »
Cria le tronc d'un cri plein de souffrance,

Puis un sang noir sur la tige apparut,
Puis plus perçant ce sanglot recommence :
« Es-tu sans cœur, toi qui m'as abattu ?

« Hommes sur terre, aujourd'hui troncs infâmes,
« Oh, par pitié, sois-nous moins rigoureux !
« De serpents vils eussions-nous eu les âmes ! »

Comme un bois vert qu'on abandonne aux feux,
Siffle d'un bout, quand l'autre est dans les flammes,
Avec un bruit plaintif et curieux,

Ainsi sortaient le sang et le langage
Du tronc brisé, si bien que de frayeur
Je laissais choir à terre, le branchage.

« Et s'il eût cru, pauvre âme de malheur,
« Ce qui se trouve en mes vers, dit le sage,
« Il ne t'aurait causé cette douleur.

« Mais mon récit paraît si peu croyable,
« Que c'est moi-même, ici, qui l'ai poussé,
« Bien que le fait me semble regrettable.

« Mais nomme-toi ; son génie empressé,
« (Car son regard doit revoir la lumière)
« Rafraîchira ton renom effacé. »

L'arbre reprit : « Puis-je ne pas complaire
« A ton langage ? Et vous, pardonnez-moi,
« Si devant vous je ne veux plus me taire.

« J'eus les deux clefs de l'âme d'un grand roi,
« De Frédéric, et sus si bien sur terre,
« En ma faveur ménager leur emploi,

« Que j'avais seul part à sa confiance;
« Au demeurant, si loyal serviteur,
« Que j'en perdis souci de l'existence.

« La courtisane à la bouche d'erreur,
« Dont l'œil sans cesse allumé d'impudence,
« Au sein des cours poursuit un empereur,

« Partout de haine enveloppa ma vie :
« Par le torrent fut entraîné César,
« D'un sombre deuil ma gloire fut suivie.

« Mon âme alors, s'indignant à l'écart,
« Crut par sa mort se venger de l'envie;
« Juste, je fus injuste à mon égard.

« Mais par cet arbre à la séve nouvelle,
« Je jure ici, qu'à mon digne seigneur
« Je ne fus pas un moment infidèle.

« Si l'un de vous doit revoir la splendeur
« Du monde où git ma mémoire, loin d'elle
« Écartez donc une odieuse erreur. »

Mon noble guide écoutait en silence;
Puis il me dit : « Veux-tu t'entretenir?
« Parle, le temps rapidement s'avance.

— « Tu sais, repris-je, ô maître, mon désir :
« Daigne parler toi-même, en ma présence,
« Mon cœur brisé ne saurait discourir. »

Il commença : « Pauvre âme, sur la terre
« Puisse cet homme agir selon tes vœux ;
« Mais à ton tour écoute ma prière.

« Explique-moi comment l'âme à ces nœuds
« Vient se lier, si plus tard sa misère
« Rompra le sceau de ce corps malheureux ? »

Le tronc souffla fortement, puis l'haleine
En ce discours changea soudainement :
« Connaissez donc ici quelle est ma peine.

« Quand de son corps, soi-même se frappant,
« Pour son malheur, sort une âme inhumaine,
« En ce terrible abîme elle descend ;

« Seule, au hasard, en la forêt jetée,
« Germant au gré des caprices du sort,
« Comme en l'orage une graine emportée,

« Elle vient plante, ou bien arbuste encor ;
« Et la broutant, la harpie attristée
« Ouvre un passage où notre douleur sort.

« Nous reprendrons nos dépouilles funestes ;
« Mais nul de nous ne s'en revêtira,
« Car nous avons répudié nos restes.

« De son tombeau notre âme reviendra,
« Traînant son corps, que chacun suspendra
« Dans cet asile, au tronc qu'il gardera. »

Nous écoutions encor, mais le langage
Avait cessé, quand de bruyants éclats
Soudain vers nous s'ouvrirent un passage;

Tels, on entend rouler avec fracas
Des sangliers sous le tremblant feuillage,
Quand du chasseur ils rapprochent leurs pas :

Tels, sur la gauche à cet instant volaient
Deux esprits nus, d'un cours si furieux,
Que devant eux tous les troncs se brisaient :

« Viens donc, ô mort ! » s'écriait l'un des deux.
Mais l'autre, ici, dont les pas redoublaient :
« Tes pieds, Lano, dans ce jour périlleux,

« N'allaient si vite, à Toppo, sur la terre ! »
Et comme alors le souffle lui manqua,
Dans un buisson s'engloutit sa carrière.

Et de chiens noirs, au flanc maigre, voilà
Qu'un groupe agile, et sautant par derrière,
Au fugitif ardemment s'attacha.

Bientôt broyant les flancs du misérable,
Leur dent ne fit qu'un lambeau de son corps,
Jonchant les bois de sa chair déplorable.

Et le Romain me conduisit alors,
Tenant ma main, vers l'arbre lamentable
Qui par sa plaie exhalait ses transports.

« Dans mes rameaux, fit la plante flétrie,
« Que viens-tu faire, ô Jacques d'Andrea ?
« Dois-je expier les crimes de ta vie ? »

Et lui parlant, mon maître s'arrêta :
« Qui donc es-tu, toi dont l'âme meurtrie,
« Souffle sa plainte et le sang que voilà ? »

Et l'arbre : « Esprits témoins de ce ravage,
« Qui tout à coup sépara, sous vos yeux,
« Mes rameaux nus de leur pâle feuillage,

« Sous mon buisson ramassez-le tous deux.
« Saint Jean-Baptiste obtint en patronage
« Mon lieu natal, ce dont Mars envieux,

« Son vieux patron, tourmente encor la ville,
« Et s'il n'était sur le pont de l'Arno,
« De sa statue un débris immobile,

« Les citoyens qui, près du Vecchio,
« Rebâtissaient, prenant peine inutile,
« Eussent laissé leur travail incomplet.

« Dans ma maison je me fis un gibet. »

## XIV

Ayant à cœur l'amour de la patrie,
Pour la lui rendre, à terre j'amassai
Du tronc muet la dépouille flétrie.

Je touche ensuite au bord qui conduisait
Du second val, en un val encor pire,
Où l'art d'un Dieu terrible s'exerçait.

Et dans ces lieux, s'il me faut les décrire,
On voit d'abord une lande sans fin,
Dont toute plante avec soin se retire.

De sa guirlande épineuse, la ceint,
Le long du sang la forêt qui soupire ;
Et de plain-pied j'y poursuis mon chemin.

Le sol en est couvert d'un sable aride,
Tel que celui que Caton traversait,
Foulant l'Afrique en sa marche intrépide.

O jour de Dieu! de quel effroi glacé,
Sera celui qui, lisant ce passage,
Saura les maux que ma vue embrassait.

Là, d'esprits nus je vis un assemblage :
Tous ils pleuraient bien misérablement,
Sous mille aspects subissant leur outrage.

Les uns, gisaient, sur le dos reposant ;
D'autres ployés nous cachaient leur visage,
Ou bien encor marchaient incessamment.

De ces derniers la foule était immense,
Et moins nombreux, ceux qu'on voyait gisant,
Mais plus plaintif le cri de leur souffrance.

Sur le pays des sables, lentement,
De larges feux descendaient, pluie intense,
Comme la neige à flocons s'abaissant.

Tels, Alexandre en s'égarant naguère
A l'Orient, vit choir sur ses soldats,
Des feux entiers qui tombaient jusqu'à terre :

Il fit fouler la terre sous leurs pas,
Pour étouffer la flamme incendiaire,
Dès qu'en roulant s'allumaient ses éclats :

Tel s'abaissait l'éternel incendie,
Sous qui le sable, à l'amadou pareil,
Prend feu, des morts redoublant l'agonie.

De çà de là, sans trêve ni sommeil,
Se débattait leur main toute noircie,
Pour secouer le flot large et vermeil.

Je dis au maître : « O toi dont l'assistance
« A tout vaincu, hormis les fiers suppôts
« Qui sur le seuil montraient leur insolence :

« Quel est ce grand ? Se tordant sous ses maux,
« Il gît, gardant encor sa violence,
« Non pas dompté par les brûlants fléaux. »

Et le maudit levant sa face blême,
Cria, voyant que je parlais de lui :
« Mort ou vivant, je suis toujours le même.

« Que Jupiter, le consumant d'ennui,
« Fasse à Vulcain, pour ma chute suprême,
« Forger encore un tonnerre aujourd'hui ;

« Que sans relâche, en la forge noircie
« Du mont Gibel, il gronde avec fracas,
« Criant : — Vulcain, soulage mon envie ! —

« Comme il le fit au combat de Flegras,
« Qu'il tonne, éclate, épuise sa furie,
« De sa vengeance il ne jouira pas ! »

Mon guide alors vers le géant s'avance,
Et d'une voix terrible : « A cet accueil,
« On peut juger combien ton arrogance,

« O Capané ! doit redoubler ton deuil.
« Aucun tourment, sinon ta rage immense,
« N'est digne ici de ton stupide orgueil. »

Et me parlant d'une voix moins sévère,
Il ajouta : « Ce fut l'un des sept rois
« Vainqueurs de Thèbe. Il est, et fut naguère

« Un contempteur du ciel et de ses lois ;
« Mais son orgueil est l'unique misère
« Qui doit ronger son esprit aux abois.

« Or, suis ma course, et garde par derrière
« De mettre un pied sur le sable brûlant :
« Le long du bois que ton pas se resserre. »

Et devant nous, hors du bois jaillissant,
Bientôt bouillonne une faible rivière,
Dont le flot rouge est à l'œil effrayant.

Du Bulicame, ainsi que l'onde impure
Court à Viterbe en l'infâme quartier,
Tel, il touchait ces sables sans verdure.

Son lit partout s'était pétrifié,
Comme ses flancs, et sa double bordure,
Où désormais dut s'engager mon pié.

« De tant d'objets dont tu vis le mystère,
« Depuis l'instant que nous avons passé
« Le libre seuil de ce royaume austère,

« Aucun, crois-moi, n'a vraiment surpassé
« Cette petite et rougeâtre rivière,
« En qui tout feu se vient perdre glacé. »

Ainsi pour lors s'exprimait le poëte.
Je le priai de combler le désir,
Qu'il excitait dans mon âme inquiète.

« Du sein des mers, dit-il, on voit surgir
« Un pays nu qui se nomme la Crète,
« Où son roi vit la chasteté fleurir.

« Une montagne y produisait naguère
« L'onde et les fleurs, et s'appelait Ida ;
« Mais sa vieillesse est depuis solitaire.

« Avec son fils, quand se cachait Rhéa,
« Pour qu'on n'ouït l'enfant pleurer, sa mère
« Troublait le mont du plus bruyant éclat.

« Tournant le dos, dans l'ombre, à Damiette,
« Se tient debout, dans la grotte, un vieillard,
« Dont l'œil vers Rome, immobile s'arrête.

« Son front qui brille, est d'or pur au regard ;
« Un argent pâle au poitrail se reflète,
« Le cuivre fin s'y relie avec art

« Jusqu'à la hanche, où le fer qui scintille
« Finit le reste, excepté le pied droit,
« Qui soutient tout de sa base d'argile.

« Hormis sur l'or, dans tout métal on voit
« Une crevasse, et par là se distille
« Un flot de pleurs, qui coule en cet endroit

« De la montagne, et suivant la vallée,
« Forme le Styx, Achéron, Phlégéton ;
« Puis poursuivant par cette sombre allée,

« S'en va créer dans le gouffre profond,
« Le noir Cocyte, à l'onde désolée :
« Tu le verras, ici je me tais donc. »

Et je repris : « Maître, si la rivière
« De notre monde ainsi va descendant,
« Que n'ai-je vu jusqu'ici sa carrière !

— « L'abîme est rond, fait-il en souriant ;
« Quoique dès lors ta marche persévère,
« Devers la gauche, ici-bas s'abaissant,

« D'un cercle entier tu n'as pas vu l'espace.
« Quelqu'objet donc qui se montre à tes yeux,
« Ne parais pas aussi surpris, de grâce. »

Et j'ajoutai : « Dépeins-moi tous ces lieux
« Que le Léthé dans ses ondes embrasse,
« Et Phlégéton qui flotte tout en feux.

— « J'ai grand plaisir sans doute à te complaire ;
« Mais quoi, dit-il, ce flot rouge et bouillant
« Te dit assez quelle est cette rivière.

« Quant au Léthé, tu verras son courant,
« Sur le rivage, où lave sa misère,
« De ses péchés, l'âme qui se repent.

« Vite, partons, continua le sage ;
« Marche toujours sur mes pas te guidant,
« Ces bords sans feu te livreront passage ;

« Toute vapeur s'éteint en y tombant. »

## XV

Contre le bord en pierre où je m'engage,
Le ruisseau roule une épaisse vapeur
Qui de la flamme abritait mon passage.

Ainsi qu'aux lieux où le Batave a peur
D'être inondé, la digue sur la plage
Aux flots, l'hiver, oppose sa hauteur :

Ou telle on voit, quand grossit Chiarente,
Pour protéger la ville et le château,
Une barrière aux rives de la Brente :

Tel paraissait le bord de ce ruisseau.
Pourtant la marge, ici, ne semblait guère
Offrir d'appui bien solide et bien haut.

De la forêt nous fuyons la lisière,
Si loin, qu'à peine encore on l'aperçoit,
Quand le regard se reporte en arrière.

Un flot d'esprits se déroule vers moi ;
Il s'avançait par la margelle en pierre,
Et tour à tour regardant devant soi,

Comme on regarde aux rayons de la lune,
Pâle, à travers la douteuse lueur,
Chacun passait dans sa triste infortune.

Je contemplais ces âmes de malheur,
Quand tout à coup je vis s'attacher l'une
A mon manteau, criant : « Quelle faveur ! »

Et moi, ses mains m'arrêtant au passage,
J'examinais ce fantôme noirci,
Sur qui la flamme imprimait son outrage,

Mais que bientôt je reconnus aussi :
« Quoi ! dis-je alors, inclinant mon visage,
« Cher Brunetto, je vous retrouve ici ? »

Et lui : « Mon fils, permets ici, de grâce,
« Que Brunetto Latini, sur ses pas,
« Revienne un peu sans plus suivre leur trace »

Je répondis : « Seyons-nous ici-bas :
« A vos côtés je prends volontiers place,
« Pourvu que Lui n'y contredise pas. »

Mais il ajoute : « O mon fils, si notre âme
« Jamais s'arrête, elle reste cent ans
« Sans pouvoir fuir l'atteinte de la flamme.

« Je te suis donc ici quelques moments,
« En attendant du moins, qu'on me réclame,
« Pour promener mes éternels tourments. »

N'osant quitter le bord de la rivière,
Pour me placer près de lui, tout tremblant,
Je m'efforçais de suivre par derrière.

Or il me dit : « Quel mystère étonnant
« Ici t'amène avant l'heure dernière ?
« Et quel était ton guide à ce moment ?

— « Aux lieux, repris-je, où l'on goûte la vie,
« Dans un vallon je me suis égaré,
« Avant d'avoir l'existence ravie.

« Comme, en marchant, de nouveau j'y rentrai,
« Celui par qui je vais dans ma patrie,
« Virgile alors à mes yeux s'est montré. »

Et Brunetto : « Si tu suis ton étoile,
« Tu surgiras vers un port glorieux,
« (Car l'avenir lève pour moi son voile) ;

« Et si moins tôt j'étais mort sous les cieux,
« Dont envers toi la faveur se dévoile,
« J'eusse applaudi ton œuvre généreux.

« Pourtant ce peuple, à la haine fatale,
« De Fiésole autrefois descendu,
« Plus âpre encor que sa roche natale,

« Te poursuivra pour prix de ta vertu :
« Au bord sauvage où le sorbier s'étale,
« Le doux figuier doit languir abattu.

« Et quel renom s'attache à leur patrie ?
« De peuple avare, envieux, plein d'orgueil ;
« A leur contact ne souille pas ta vie.

« La gloire un jour t'offrira tel accueil,
« Qu'aux deux partis ton nom doit faire envie ;
« Mais la moisson croîtra loin de leur seuil.

« Qu'à Fiésole, ils se fassent litière
« De leur fumier ; mais respectent l'épi,
« (Si par miracle en leur fange il prospère),

« Après lequel la tige refleurit
« De ces Romains demeurés dans leur terre,
« Quand fut fondé cet exécrable nid.

— « Si le Seigneur eût comblé ma prière,
« Lui répondis-je, un sort trop rigoureux
« N'eût point si tôt borné votre carrière.

« Je songe, avec les larmes dans mes yeux,
« En revoyant votre image si chère,
« Que par vos soins j'apprenais sous les cieux,

« Comment s'acquiert une gloire immortelle :
« Aussi le gré que pour vous je ressens,
« Il faut qu'au monde encor je le rappelle.

« Je grave en moi de vous ce que j'apprends
« Sur mes destins : quand je serai près d'elle,
« Une beauté m'en donnera le sens.

« Mais demeurez sans défiance aucune :
« Tant que mon cœur restera sans remord,
« Me voici prêt, n'importe ma fortune.

« L'avis n'est pas si nouveau sur mon sort :
« J'irai sans peur à la fosse commune,
« Que creuse à tous l'ouvrier de la mort. »

Mon maître ici se tournant en arrière,
Du côté droit, me regarde et me dit :
« Qui bien entend, retient bien la matière. »

Or je causais toujours avec l'esprit,
Voulant savoir, en ce lieu de misère,
Quels noms fameux se trouvaient avec lui.

« Allons, dit-il, je voudrais te complaire ;
« De bien des noms je m'abstiendrai pourtant,
« Le temps trop court m'obligeant à les taire.

« Clercs ils étaient chacun de leur vivant,
« Pour grands lettrés renommés sur la terre :
« Même péché les souilla cependant.

« Priscian suit leur bande misérable,
« Avec François d'Accurse : et l'on y voit
« (Son nom sans doute est peu recommandable),

« Celui qui dut chercher un autre toit,
« Pour effacer la tache abominable
« Que sur la terre il traînait après soi.

« J'en dirais plus ; mais, malgré tout mon zèle,
« Je ne saurais, car j'aperçois, là-bas,
« Monter du sable une vapeur nouvelle.

« Vient une foule où ma place n'est pas.
« Que mon *Trésor* à tes soins se rappelle,
« En le lisant, tu m'y retrouveras. »

Puis il partit, comme un coureur habile,
Qui prend l'essor à Vérone, *au drap vert,*
Et parut bien, tant sa course est agile,

Celui qui gagne, et non celui qui perd.

## XVI.

Nous écoutions la chute monotone
De l'eau qui tombe au fond de l'autre val,
Pareille au bruit d'un essaim qui bourdonne,

Quand, détachés de leur groupe infernal,
Trois des damnés que la pluie aiguillonne,
Courent vers nous portés d'un vol égal.

La bande approche, et chaque âme s'écrie :
« Arrête, ô toi qu'à l'air on reconnaît
« Pour citoyen d'une triste patrie. »

Leur corps, hélas! offre partout l'aspect
De feux dardés sur une peau flétrie,
Spectacle affreux, dont l'œil se détournait!

Prêtant l'oreille à leurs voix douloureuses,
Mon compagnon me dit en m'arrêtant :
« Vois sans dédain ces ombres malheureuses :

« Loin de rester tranquille en attendant,
« N'étaient du lieu les flammes désastreuses,
« Tu leur devrais tout ton empressement. »

Ces esprits donc, nous voyant immobiles,
Poussent un cri, puis, soudain nous joignant,
Forment un cercle aux mouvements agiles.

Et comme on voit, le corps d'huile éclatant,
Prendre leur prise à des lutteurs habiles,
Lorsque leurs mains vont déjà se cherchant,

Tels, ces esprits sur la grève en tournant
Se retenaient, tandis que pieds et tête
Passaient toujours en leur vol incessant.

« Et si ce sable à la course inquiète,
« Comme à nos fronts cet aspect flétrissant,
« Ne t'inspirait qu'une horreur indiscrète,

« Au nom du moins de notre renommée,
« Réponds, dit l'un, quel es-tu, toi qui viens
« Fouler vivant cette terre enflammée ?

« Celui qui met ses pas avant les miens,
« Encor qu'il soit couleur de la fumée,
« Fut de haut rang toutefois chez les siens.

« De Gualdrada c'était la descendance :
« Guidoguerra, (c'est son nom), se montra
« Fort grand jadis d'esprit et de vaillance.

« Sur mes talons cet autre que voilà,
« Est Aldobrand, qui dut laisser, je pense,
« Un nom bien cher aux lieux qu'il habita.

« Et moi qui souffre avec eux ce martyre,
« Je suis Jacob Rusticucci : le sort
« Dans ma compagne a trop bien su me nuire. »

Là, sans le feu qui m'arrêtait pour lor,
J'eusse en leurs bras tombé, je dois le dire,
Et le poëte eût permis ce transport ;

Mais à l'aspect des baisers de la flamme,
Un peu d'effroi vint comprimer l'élan
Qui me portait du côté de leur âme.

« Ce n'est pas, dis-je, un mépris flétrissant,
« Devant vos maux dont l'horreur me pénètre,
« C'est la pitié qui m'inspire à présent.

« Je le savais, en effet, par mon maître,
« Sous votre aspect, quels étaient à mes yeux
« Les noms fameux qui devaient apparaître.

« Concitoyen de vos noms glorieux,
« Je les louai quand je les pus connaître,
« Voyant chacun les louer de son mieux.

« Loin des abords de la demeure amère,
« Je dois cueillir enfin de plus doux fruits,
« Quand j'aurai vu le centre de la terre.

— « Longtemps, dit l'un, l'âme et le corps unis,
« Puissiez-vous vivre au sein d'une autre sphère ;
« D'un long honneur que vos jours soient suivis !

« Mais à présent, valeur ou courtoisie
« Fait-elle encor fleurir notre cité ?
« Ou tout à fait n'est-elle pas bannie ?

« Car Guglième, ici précipité,
« Depuis fort peu, dans notre compagnie,
« Par ses récits m'a bien fort attristé.

— « Une autre race et le lucre, ô Florence,
« Font naître en toi l'orgueil et les excès,
« Et de tes pleurs le jour déjà s'avance ! »

Or, à ces mots que j'avais prononcés,
Les yeux en haut, tous trois d'intelligence
Se regardaient, pleins de sombres pensers.

« Si comme à nous ta parole de sage,
« Reprirent-ils, sait plaire à ton prochain,
« Heureux es-tu d'avoir ce doux langage.

« Et si, laissant ce lugubre chemin,
« Vers la clarté tu t'ouvres un passage,
« Quand tu diras : J'ai vu : daignes enfin

« Parler de nous aux hommes de la terre. »
Le cercle alors se rompt et, s'enfuyant,
Glisse plus prompt que la flèche légère.

Vous n'eussiez dit *amen*, dans le moment
Que disparut cette bande en arrière.
« Il faut partir », dit mon maître à l'instant.

Et comme ici nous songions à descendre,
Le bruit profond des eaux fut si voisin,
Qu'à peine encore on aurait pu s'entendre.

Comme ce fleuve aux flancs de l'Apennin,
Qui du Viso s'empresse de se rendre
Vers l'Orient que poursuit son chemin,

Qu'on nomme, avant de quitter la montagne,
Acquacheta, mais qui change de nom
Près de Forli, quand il suit la campagne,

Au Saint-Benoît, dont l'écho lui répond,
Tombe, effrayant du bruit qui l'accompagne
Le monastère, en touchant le vallon,

Telle, tombant d'une roche escarpée,
L'onde bourbeuse allait étourdissant
De mille bruits notre oreille frappée.

Or, j'étais ceint d'une corde en marchant
(A la panthère elle fut destinée,
Quand je faillis la prendre en arrivant) :

Je l'enlevai de l'avis de mon maître,
Et, la pliant en rouleau, dans sa main
Je m'empressai bientôt de la remettre.

Là, sur sa droite un moment il se tint ;
Puis, dans le gouffre où son regard pénètre,
Non loin du bord, il la jette soudain.

« Or, me disais-je, un étrange mystère
« Sans doute ici va suivre ce signal,
« Que de la main Virgile semble faire. »

Oh ! la prudence est un bien sans égal
Près de ceux-là dont la vue est si claire,
Qu'ils voient en nous comme avec un fanal !

Donc il me dit : « L'objet de notre attente,
« Surgit du gouffre, et tu vois s'approcher
« Ce qu'a rêvé ton âme impatiente. »

Quand le vrai même a l'aspect mensonger,
Mieux vaut se taire, et d'une âme prudente,
Pour son honneur ne pas trop s'engager.

Et cependant, j'oserai bien le dire,
(J'en jure ici mon poème, ô lecteur,
Et puisse enfin sa beauté vous séduire !) :

Je vis, nageant sur cette profondeur,
En l'air épais monter une figure,
Qui du plus brave eût causé la frayeur.

Et c'est ainsi que, sous la vague obscure,
Par intervalle, on voit les mariniers,
L'ancre à la main, remonter l'onde impure,

Les bras tendus, ramenant les deux pieds.

## XVII

« Voici le monstre à la queue acérée,
« Qui rompt l'armure, et qui perce le mont,
« Par qui la terre entière est dévorée ! »

Ainsi parla d'abord mon compagnon :
Puis il fit signe à la bête exécrée
Qu'elle approchât d'un mouvement plus prompt.

Et ce produit de la fraude hideuse,
Laissant sa queue en arrière du bord,
Tira son buste et sa tête honteuse.

Ses traits, du juste ont l'obligeant abord,
Tant ils font voir une douceur trompeuse,
Mais son corps meut d'un serpent le ressort.

Il est armé de deux griffes velues :
Sur sa poitrine, et le long de ses flancs,
Mille couleurs reluisaient confondues.

Jamais de fils aux reflets plus brillants,
Mossoul ne vit ses tentures tissues ;
L'art d'Arachné n'a pas ces agréments.

Telle une barque, au rivage amarrée,
Est à moitié sur la terre et dans l'eau ;
Comme un castor en sa froide contrée,

Prêt au combat, s'accroupit hors du flot :
Ainsi se tint cette image abhorrée,
Couchée au bord, une fois sur le haut.

Elle agitait sa queue envenimée,
Dressant, ainsi que fait un scorpion,
Le dard aigu dont sa fourche est armée.

« Écartons-nous, me dit mon compagnon,
« Pour que son corps, dont la route est fermée,
« A notre abord se présente de front. »

Et descendant de dix pas, nous marchâmes
A droite, auprès du bord nous resserrant,
Pour éviter et le sable et les flammes.

Et quand je fus près du monstre gisant,
Non loin de là j'aperçus quelques âmes,
Qui du rocher gardent l'escarpement.

Mon maître dit : « Va vers le précipice,
« Si jusqu'au bout tu tiens encore à cœur
« De visiter leur funèbre supplice.

« Ne traîne pas ta parole en longueur ;
« Pour celui-ci, qu'il faut que je fléchisse,
« Son dos saura nous prêter sa vigueur. »

Ainsi toujours en ce cercle avançant
(C'est le septième), à pas lents et sans guide,
Je m'approchais de la funeste gent.

L'horreur se peint dans son regard livide :
Le bras des morts se lève, et se défend
Contre la pluie et le sable brûlant.

Ainsi l'été fait la race canine,
Et de la griffe et des dents, sur son dos
Lorsque s'acharne une ignoble vermine.

Quand de plus près, sous les brûlants fléaux,
Mon regard vit ce peuple qui s'incline,
Il remarqua bientôt dans ce chaos,

Qu'au col de tous une bourse est pendue ;
Puis j'aperçus des signes curieux,
Dont paraissait se repaître leur vue.

Et regardant parmi ces malheureux,
Je vis en jaune une bourse tissue,
Montrant, azur, un lion furieux.

Puis je distingue, en suivant ma carrière,
Une autre bourse en rouge, qui portait
L'oie étalant sa richesse princière.

Et l'un, qui montre avec son blanc sachet,
La truie azur, sur le point d'être mère,
Cria : « Que viens-tu faire en ce fossé ?

« Or, va-t'en donc, et s'il faut que tu vive,
« Tu peux, là-haut, dire à Vitalian,
« Que je m'attends qu'à ma gauche il arrive.

« Ces Florentins me disent Padouan :
« Leur voix criarde est quelquefois bien vive
« A crier : — Vienne un chevalier puissant,

« Qui montrera trois becs à sa poitrine ! — »
Il tord sa bouche et sa langue à ces mots,
Pareil au bœuf qui lèche sa narine.

Et n'osant pas prolonger ces propos,
Vers le poète alors je m'achemine,
Laissant la plèbe ingrate et sans repos.

Quand je joignis mon guide, sur la bête
Il s'asseyait en croupe, me disant :
« Qu'à tout ceci, hardiment tu t'apprête :

« Car c'est ainsi désormais qu'on descend.
« Monte en avant, le plus près de la tête,
« Pour éviter la queue en voyageant. »

Comme un fiévreux, sous des voûtes humides,
Transi du froid qui le glace soudain,
En sort, la face et les ongles livides,

Ainsi l'effroi se glissa dans mon sein ;
Mais le bon maître, à ma peur indiscrète,
La gourmandant, mit un terme à la fin.

Je m'assis donc sur l'effroyable bête :
Je voulus dire : — Aide à ton serviteur ; —
Mais je ne pus, ma voix resta muette.

Et lui, pourtant, mon bien-aimé sauveur,
Comme, effrayé, je prenais mon assiette,
Entre ses bras me soutint sur son cœur.

« Pars, Gérion, fit sa voix adoucie,
« En large cercle, et t'en va doucement :
« Songe au fardeau que le ciel te confie. »

Comme un bateau qui recule en partant,
Le monstre émeut sa masse en commençant ;
Puis, dans l'air libre aussitôt qu'il se sent,

Tourne sa queue à l'endroit de sa tête :
Comme une aiguille il la tend, et dans l'air,
Sa griffe énorme à ramer se tient prête.

Quand Phaëton, fourvoyé dans l'éther,
L'incendiait de sa course indiscrète :
Ou quand Icare, au-dessus de la mer,

Sentit brûler ses deux ailes de cire,
(Son père, hélas! l'avertissait en vain),
Sur eux la peur exerça moins d'empire

Que sur moi-même, alors que, dans le sein
Du vide affreux, sur le gouffre sauvage
J'allais, porté par le monstre effrayant.

D'un pesant vol il s'avance, il surnage,
Tourne sans cesse, et je sentais le vent
Qu'il soulevait me frapper au visage.

J'écoute au bas déjà les mille cris
Du noir torrent qui hurlait avec rage,
Et c'est pourquoi je m'incline surpris.

Ma peur redouble à sonder ce mystère :
Je vois des feux, je distingue des pleurs,
Et tout mon cœur effrayé se resserre.

Et je compris, entendant ces clameurs,
Qu'en tournoyant descendait ma carrière,
En longs circuits, vers un centre d'horreurs.

Comme un faucon qui dans l'air se balance,
Et n'ayant vu ni leurre, ni butin,
Du fauconnier détruisant l'espérance,

En cent détours redescend à la fin,
Las et rebelle, au lieu dont il s'élance,
Et du chasseur trompe longtemps la main :

Tel Gérion tout en bas nous dépose,
Au pied du roc qui s'avance escarpé :
Puis, soulagé du poids qui l'indispose,

Part comme un trait de la corde échappé.

## XVIII

Couleur de fer, et bâti tout en pierre,
Il est un lieu (Malebolge est son nom),
Ceint par l'enfer d'une muraille altière.

Droit sur l'abîme, au centre du rayon,
Se creuse un puits, large et sombre cratère,
Dont l'œil humain n'a jamais vu le fond.

On voit en rond se dessiner l'espace
Qu'autour du puits le mur tient resserré,
Et dix vallons s'y disputent leur place.

Comme un castel se présente entouré
De hauts fossés défiant la menace,
Premiers gardiens du donjon retiré,

Ainsi le gouffre étalait ses vallées :
Et comme on voit au château dès l'abord,
Des ponts jetés sur de longues allées,

Ainsi coupant les fóssés et leur bord,
Partent du mur, des roches désolées,
Qui vers le puits tendent d'un même accord.

Là, Gérion terminant son voyage,
Nous secoua de son dos. A l'instant
Nous avisons sur la gauche un passage.

S'offrait à droite un spectacle effrayant :
Des torturés, des bourreaux pleins de rage,
Du premier val trop pitoyable gent.

Nus tout au fond s'en allaient des coupables,
Marchant avec, ou contre nous, d'un pas
Qu'accéléraient leurs destins misérables.

A Rome, ainsi par le soin des prélats,
Sur un seul pont deux files incroyables,
Au Jubilé tiennent sans embarras.

Les uns priant, qui s'en vont à Saint-Pierre,
Voient le château vis-à-vis de leurs fronts :
D'autres au pas reviennent en arrière.

De çà de là se glissaient des démons,
Le long du roc, avec une étrivière,
Dont ils frappaient les damnés, sans raisons.

Quels sauts alors, quelle frayeur extrême
Au premier coup! croyez qu'on n'attendait
Ni le second, ni surtout le troisième.

Tout en marchant, mon regard s'attardait
Sur un damné. Je pensais en moi-même :
« N'ai-je pas vu déjà ce possédé? »

Je m'arrêtais, rêvant à ce mystère,
Et mon doux guide alors en fit autant,
Et me permit de marcher en arrière.

Le damné crut se cacher en tenant
Ses yeux en bas; mais n'y réussit guère,
Car je lui dis : « Toi qui vas te baissant,

« Si j'ai d'ici reconnu ta figure,
« N'étais-tu pas Caccianimico?
« Qui t'a causé ton étrange aventure?

— « C'est à regret que j'en échappe un mot ;
« Mais, me dit-il, ta parole est si sûre,
« Qu'il faut causer des souvenirs d'en haut.

« C'est grâce à moi que, naguère si belle,
« La Ghisola se livrait au marquis,
« Bien qu'autrement l'on ait su la nouvelle.

« Et de Bologne il est d'autres maudits :
« En ce lieu-ci leur affluence est telle,
« Que beaucoup moins de langues ont appris

« A prononcer *sipa* sur la Savène ;
« Car d'avarice on connaît maintenant
« Par tous pays, que cette ville est pleine. »

De sa lanière un diable le frappant :
« Rufian, dit-il, il faut qu'on se promène,
« De femme à vendre il n'est plus à présent. »

Je rejoignis, sur ces mots, le poëte ;
Quand s'offre un roc qui, du mur s'éloignant,
S'y rattachait fortement à sa crête.

En quelques pas, nous arrivons au haut,
Et sur ce pont s'étant acheminés,
Nos pieds du mur s'éloignèrent bientôt.

Parvenus donc auprès d'une arche immense,
Qui laisse ouvert un passage aux damnés,
Mon maître dit : « Par-dessus l'arche, avance

« Un peu le front vers les infortunés
« Dont le visage évitait ta présence,
« Tant qu'ils marchaient ainsi que nous tournés. »

Du haut du pont nous regardions la file,
Qu'à l'opposite on voit rouler son cours,
Et que le fouet cruellement mutile :

Et sans attendre un moment mon discours,
Mon maître dit : « Vois, ce grand qui défile,
« Œil sec, au sein des douloureux parcours.

« Quel front royal il fait encor paraître !
« C'est ce Jason qui, par ruse et valeur,
« De la toison se sut rendre le maître.

« Quand à Lemnos les femmes en fureur
« Du sexe mâle exterminaient chaque être,
« Sur ce rivage il était voyageur.

« Là, par sa grâce, et par son doux langage,
« Encor qu'elle eût trompé ses autres sœurs,
« De Hypsipyle il séduit le jeune âge,

« Puis seule, enceinte, il la laisse à ses pleurs :
« Pour lui son crime enfanta ce partage,
« Et ses maux sont de Médé les vengeurs.

« Qui trompe ainsi, suit ainsi sa misère ;
« Et maintenant tu sais quelle pitié
« Ce val enferme, et quel peuple il enserre. »

Nous étions donc au point, où le sentier,
Comme il rencontre un second bord en pierre,
D'un nouveau pont forme ici le pilier :

Se fait entendre une foule accroupie,
En l'autre fosse, à grand'peine soufflant,
Et se frappant d'une main ennemie.

Du fond du gouffre, aux parois remontant,
Par couche, on voit s'y coller une suie
Qui choque l'œil, et d'un goût repoussant.

Et tellement s'approfondit l'abîme,
Que si l'œil veut le sonder en entier,
De l'arche, il faut grimper jusqu'à la cime.

J'avançais donc, et je vis, sous mon pied,
La gent qui plonge en ce cloaque infime,
De mille égouts réceptacle grossier.

Comme ma vue à regarder s'applique,
Je vois un front si tristement souillé
Qu'on ne savait s'il fut clerc ou laïque.

« Pourquoi, dit-il, est-ce moi qu'en pitié
« Ton œil regarde? » Aussitôt je réplique :
« Je ne t'ai pas tout à fait oublié :

« Jadis, à Lucque, on t'a vu sur la terre,
« Les cheveux secs, il est vrai; pour ton nom,
« C'est Alexis, ou l'erreur est grossière. »

Et le damné, qui se frappa le front :
« De mon métier de flatteur ordinaire,
« J'ai seulement recueilli cet affront. »

Mon guide alors : « Porte dans la vallée,
« Tes yeux, dit-il, un peu vers le lointain,
« Pour découvrir la face désolée

« De cette fille immonde, dont la main
« Cherche à tresser sa tête échevelée,
« Tantôt assise, ou redressant le sein.

« C'est là Thaïs, l'infâme, dont la bouche,
« A tout amant qui lui dit : — M'aimez-vous ? —
« Eut pour réponse : — Oh ! quel amour me touche ! —

« Et de ce lieu d'ordure éloignons-nous. »

## XIX

Fils de Simon, sectateurs misérables,
Qui, sans pudeur, pour l'or et pour l'argent,
Vendez de Dieu les choses vénérables :

Profanateurs du divin Sacrement,
Tremblez au bruit de ces chants redoutables,
Car j'aperçois votre fosse à présent.

C'est la troisième, et déjà de la place
Où le pont noir le surplombe au milieu,
Du val nouveau je découvre la face.

Quel est ton art, ô sagesse de Dieu !
Sur terre et ciel, dans l'enfer et l'espace,
Quelle est toujours ta justice en tout lieu !

Je vis en bas, dans la pierre noirâtre,
Quelques trous ronds percés pareillement,
Qu'à regarder notre œil s'opiniâtre.

Pour la grandeur, ils étaient justement,
Comme à Florence, en l'église Saint-Jean,
Les fonts sacrés de mon beau baptistère

Dont par ma main, pour sauver un enfant
Qui s'y noyait, l'un fut brisé naguère,
Ainsi qu'à tous je le dis à présent.

Hors de chacun de ces trous, paraissaient
Les pieds d'un mort, et sa jambe ; au dedans
Les restes nus du corps s'enfouissaient.

Offrant leur plante à des feux pénétrants,
Des pieds meurtris les muscles se tordaient,
A se briser dans leurs tiraillements.

Et de la pointe au talon, s'y remue,
Ainsi qu'au bord d'un objet onctueux,
Un feu, qui rend la douleur plus aiguë.

« Quel est celui, dis-je, ô maître, en ces lieux,
« Qui se tordant, plus hideux à ma vue,
« D'un feu plus rouge est brûlé sous nos yeux ? »

— « Veux-tu, dit-il, descendant cette pente,
« Que de ce pas je te conduise auprès?
« Il te dira quel péché le tourmente.

— « Maître, tes vœux me sont toujours sacrés, »
Lui répondis-je, « et si c'est ton attente,
« Allons tous deux par ces sombres degrés. »

Au bord suivant bientôt nous arrivâmes,
Et vers le fond de l'abîme criblé,
Pour y descendre, à gauche nous tournâmes.

Et sur le sein de mon guide, j'allai,
Porté par lui, chercher parmi ces âmes
Celle qui pleure en son trou désolé.

« Qui que tu sois, que je vois renversée,
« Dis, m'écriai-je, âme triste, pourquoi
« Tu te tiens là comme un pal enfoncée? »

Un confesseur écoute, ainsi que moi,
Quand l'assassin, presqu'enfoui sous terre,
Pour gagner temps, l'appelle encore à soi.

L'âme cria : « Quel odieux mystère !
« Quoi, dans ces lieux, Boniface est venu ?
« Les temps ont-ils avancé leur carrière ?

« Te voilà donc près de moi descendu,
« Toi qui du rapt te souillas sur la terre,
« Pour conquérir l'argent qui t'a perdu ! »

Je demeurais tout surpris de l'entendre,
M'étonnant fort de semblables discours,
Qu'en vérité je ne pouvais comprendre.

Mon maître dit : « Réponds-lui, sans détours,
« Qu'à l'instant même il vient de se méprendre. »
Je parlais donc en termes des plus courts.

Et le damné se tordit avec rage :
Puis soupirant, et d'un ton plein de pleurs,
Il demanda : « Que me veut ton langage ?

« Est-ce pour voir un instant mes douleurs,
« Que tu franchis ce lugubre rivage ?
« Du manteau saint j'ai connu les splendeurs :

« Je fus, là-haut, vraiment le fils de l'Ourse,
« Tant affamé d'enrichir les oursins,
« Que je me trouve ici dans une bourse.

« Mais par la fente ouverte en ces terrains,
« Sont descendus, sous ma tête, en leur course,
« A mon péché ceux qui furent enclins.

« Je descendrai plus bas dans la demeure
« Du sombre empire, alors qu'y parviendra
« Celui pour qui je t'ai pris tout à l'heure.

« Mais plus longtemps mon pied s'enflammera,
« La tête au fond de la fosse où je pleure,
« Qu'à s'y brûler le sien ne restera.

« Car à sa suite, ouvrier d'œuvre impure,
« Doit nous venir du couchant un pasteur,
« Qui de nous deux sera la couverture.

« Au roi de France il tiendra trop à cœur :
« Tel ce Jason, qu'en la sainte Écriture
« D'un roi trop faible épargna la douceur. »

Et je ne sais si je fus téméraire ;
Mais je repris, peut-être avec rigueur :
« Quand Jésus-Christ remettait à saint Pierre

« Les clefs du ciel, dis-moi si le Seigneur
« En réclama le prix à son vicaire ?
« Il dit : — suis-moi, mon pauvre serviteur. —

« Pierre, jadis, n'exigea de salaire
« De saint Mathias, quand parvint ce dernier
« Au rang perdu par le traître naguère.

« Reste donc là, car tu me fais pitié :
« Et garde bien tout l'or qui, sur la terre,
« Rendait ton cœur trop hardi de moitié.

« N'était encor qu'en la fosse profonde,
« Il me souvient que tu gardas longtemps
« Les clefs du ciel, en ta carrière immonde,

« J'aurais pour toi des mots plus flétrissants :
« Votre avarice est le malheur du monde,
« Funeste aux bons, favorable aux méchants.

« L'Évangéliste aperçut votre image,
« Quand, à ses yeux, s'abandonnait aux rois,
« La reine assise au-dessus du rivage :

« Qui redressant sept têtes à la fois,
« Dix fois s'ornait d'une corne au visage,
« Tant que l'époux fit estimer ses lois.

« Vos mains, d'argent se font un dieu frivole.
« Qui vous distingue aujourd'hui des païens ?
« D'en avoir cent quand ils n'ont qu'une idole.

« Ah ! Constantin, quelle perte de biens
« Nous engendra cette opulente obole,
« Dont tu dotas le Père des chrétiens ! »

Or, entendant ce sévère langage,
Soit la colère, ou bien le repentir,
Il agitait les deux pieds avec rage.

Mais pour mon guide, il semblait m'applaudir,
Tant je voyais s'animer son visage,
Au franc parler dont j'osais me servir.

Il m'attira bientôt sur sa poitrine,
Entre ses bras tout à coup m'élevant :
Puis vers le haut, sur la pente il chemine,

Et sur son sein me serre constamment,
Jusqu'au sommet lugubre, qu'avoisine
Une cinquième enceinte. A ce moment

Je fus par lui posé sur une roche
Au pic si droit, que le léger chevreau
Lui-même à peine en tenterait l'approche :

Et l'autre val se découvre d'en haut.

## XX

Des chants témoins de mon triste voyage,
Je vais conter le vingtième en ces vers
Où des damnés rugit encor la rage.

Déjà, les yeux fixement entr'ouverts,
Je m'inclinai sur un gouffre sauvage
Qu'inonde un flot des pleurs les plus amers.

Et j'aperçus sous la roche, à distance,
Allant du pas de nos processions,
Toute une gent qui pleurait en silence.

Ayant bientôt plus claires visions,
Je vis qu'à tous le col, à sa naissance,
Est dérangé par des contorsions :

Car ils avaient par derrière la face,
Ce qui les fait marcher en reculant,
Ne pouvant voir en avant de l'espace.

Que sur la terre, il soit, par accident,
Un homme ayant subi telle disgrâce,
Je n'en crois rien, ni ne l'ai vu vraiment.

Pour toi, lecteur, qu'il t'advienne avantage
De mon récit; mais dis-moi, s'il te plaît,
Si sans pitié put rester mon visage

Quand j'aperçus d'un regard désolé,
Se retourner tellement notre image,
Que sur les reins chaque pleur lui coulait ?

Je pleurais donc à l'angle de la roche :
« Or, es-tu donc un de ces malheureux ?
« Me fit alors Virgile avec reproche.

« Leur pitié vit, quoique morte, en ces lieux;
« Mais il sied mal que la tienne soit proche,
« De plaindre qui fut jugé par les cieux.

« Lève le front, lève, et vois le coupable
« Sous qui s'ouvrait la terre des Thébains,
« Quand ils criaient : — Quelle chute effroyable !

« Amphiaraüs, fuirais-tu nos destins ? —
« Mais lui tombait, victime déplorable,
« Jusqu'à Minos, en ces royaumes vains.

« Vois comme il fait de son dos sa poitrine !
« Ayant voulu regarder trop avant,
« L'œil par derrière, à rebours il chemine.

« Tirésias apparaît maintenant,
« Qui, tout son corps tombant comme en ruine,
« Fut changé d'homme à femme, en un instant.

« Et pour rentrer dans sa forme virile,
« Il lui fallut de sa verge blesser
« Le corps hideux fait d'un double reptile.

« Tu vois après, de son dos le presser,
« L'antique Arons, qui, sur le front tranquille
« Des monts Luni, s'occupait de creuser,

« Dans la blancheur des marbres de Carrare,
« Une demeure où son regard flottait
« Des mers aux cieux, dans l'air qui les sépare.

« Et celle-ci, qui, sur l'autre côté,
« De longs cheveux, dans sa marche bizarre,
« Couvre son sein qui nous reste caché,

« Ce fut Manto, qui, sur la terre errante,
« Finit sa course aux bords où je suis né :
« Écoute, ici, cette histoire touchante.

« Quand fut son père à la mort condamné,
« Et la cité de Bacchus expirante,
« Manto s'en fut par le monde étonné.

« De l'Italie, en baignant la campagne,
« Un lac heureux près des Alpes s'étend ;
« C'est le Bénac, voisin de l'Allemagne.

« Mille ruisseaux que l'on voit s'écoulant,
« Entre Garda, Crémone et la montagne,
« Viennent dormir sous son flot transparent.

« Juste au milieu, les évêques de Trente,
« Brescia, Vérone, auraient également
« Droit de bénir la terre avoisinante.

« Entre Bergame et Brescia regardant,
« Peschiera se dresse, vers la pente
« Que ses hauts murs voient tout près s'abaissant.

« De là, les eaux débordent réunies,
« Quand le Bénac ne les peut contenir,
« Devenant fleuve à travers les prairies.

« Ainsi se forme et commence à courir
« Le Mincio, dont les ondes grossies,
« Vont à Governe au Pô s'ensevelir.

« Mais au début, le Mincio s'engage
« Dans une plaine, et s'espace en marais
« Malsains parfois sous un ciel sans nuage.

« Or, au milieu de ces flots égarés,
« S'offraient aux yeux de la vierge sauvage,
« Des pays nus des humains retirés.

« Là, s'abritant des regards du vulgaire,
« La vierge assit la science et les arts,
« Morte, y laissant sa dépouille étrangère.

« Bientôt après, les habitants épars
« Aux alentours, accouraient sur la terre,
« Qu'environnait l'étang de toutes parts.

« Comme on bâtit sur les os de la morte,
« On dénomma Mantoue, en souvenir,
« Les murs naguère élevés de la sorte.

« Le peuple à peine y pouvait contenir,
« Avant qu'y fût la trahison plus forte,
« Et que le comte Albert en dût sortir.

« Et j'ai voulu t'avertir de n'admettre,
« Autre origine à mon pays natal,
« Si quelque langue osait se le permettre.

— « Ma confiance en vous n'a rien d'égal ;
« Autres discours, lui répliquai-je, ô maître,
« De leur chaleur m'échaufferaient bien mal.

« Mais répondez, dans la gent qui s'avance,
« S'il est quelqu'un digne d'un souvenir :
« De le savoir j'ai quelque impatience.

— « Vois sur son dos la barbe le couvrir,
« Celui, dit-il, qui s'offre à ta présence :
« Quand de la Grèce on vit chacun sortir

« (Hors les berceaux, tout y demeura vide),
« Il fut augure, et, pressé de partir,
« Coupa du Grec le câble dans l'Aulide :

« C'est Eurypile, et lui faisant honneur,
« Je l'ai chanté dans ma haute Énéide ;
« Bien le sais-tu, toi, qui la sais par cœur.

« Plus loin cet autre, à la figure étique,
« Est Michel Scott, qui fut, n'en doute pas,
« Des plus versés dans la fraude magique.

« Voici Guido Bonatti ; sur ses pas
« Le pauvre Adsent qui, dans ce triste asile,
« Regrette en vain sa ficelle et son cuir :

« Et celles-ci qui laissèrent l'aiguille,
« De la sorcière apprenant à pétrir
« L'herbe et les sucs dans le sang d'un reptile..

« Mais viens, c'est l'heure où paraît au confin
« De l'hémisphère, en dessous de Séville,
« Sous son fagot le meurtrier Caïn.

« La nuit d'hier la lune semblait ronde :
« Il t'en souvient, car elle a dans son cours,
« Guidé ta marche en la forêt profonde. »

Il parle donc, et nous marchons toujours.

## XXI

Passant les ponts de l'enfer à la file,
Sur le sommet nous allions conversant,
Quand je restai tout à coup immobile.

De Malebolge était déjà présent
Le nouveau gouffre, et sa plainte inutile :
Et là, la nuit flottait horriblement.

Comme en hiver l'arsenal à Venise
S'emplit de poix, qu'on chauffe en travaillant,
Pour calfater le vaisseau qui se brise,

Endommagé d'un long cours, (et pendant
Qu'un fort navire attend qu'on le vernisse,
Pour s'essayer bientôt sur l'Océan,

Qu'on va frappant de la proue à la poupe,
Un fait la rame, ou le câble puissant,
La voile en pièce occupe une autre troupe),

Ainsi bouillait sans flamme, uniquement
Par le vouloir du ciel, en cet espace,
Un noir bitume aux parois remontant.

L'œil en suspens n'en voit que la surface,
Où la chaleur cause un bouillonnement,
Qui tour à tour et se gonfle et s'efface.

Et je fixais ma vue obstinément,
Quand tout à coup : « Prends bien garde où tu passe ! »
S'exclame ici Virgile en me tirant.

Je me tournais, comme un homme en posture
D'examiner le péril qu'il doit fuir,
Et qui, craignant quelque étrange aventure,

En regardant se hâte de partir :
Et je voyais d'un démon la figure,
Sur un rocher, de derrière accourir.

Ah, qu'il était terrible de manière !
Et dans sa pose un démon résolu,
L'aile entr'ouverte, et la course légère !

Sur son épaule, à son sommet pointu,
Un malheureux s'ébattait de misère,
Entre les doigts du diable retenu.

« O Malebranche, appréhende la tête,
« S'écriait-il, d'un de Santa-Zita :
« Place-le bas ; moi, je retourne en quête :

« Bonne est encor la récolte par là ;
« Bonturo seul y passe pour honnête :
« On y vend tout. » Sur ces mots, il donna

De son fardeau dans la fosse, et plus vite
Qu'un chien hargneux qui poursuit un voleur,
Le long du roc en fuyant, il nous quitte.

L'autre plongea, tout saisi de frayeur.
Il reparut ; mais la garde maudite
Qui veille au pont, criait d'un ton railleur :

« Au Serchio, crois-tu donc que tu nages ?
« Or si nos crocs, compagnon, te font peur,
« Cache-nous mieux sous la poix ton visage. »

Et mille crocs s'agrafaient au pêcheur :
« Danse à couvert, dit la bande, et sois sage,
« Ou fais-nous mieux ton métier d'escroqueur. »

Et l'on dirait, voyant la troupe altière,
Gens de cuisine, avec leur instrument,
Qui sous un chef surveillent la chaudière.

Mon maître alors : « Pour céler maintenant
« Que tu sois là, va, dit-il, en arrière
« De ce rocher que l'on voit justement.

« Que l'on m'offense ou non, ne sois en peine,
« Car à coup sûr ton maître s'y connaît,
« Ayant été souvent plus à la gêne. »

Il passe alors le vieux pont calciné ;
Mais abordant la nouvelle géhenne,
Il dut montrer son courage obstiné ;

Car pleins de rage, avec telle tempête
Que font des chiens lâchés sur quelque gueux,
Qui demandait l'aumône, et qui s'arrête,

Sortent du pont nos diables furieux,
Levant leurs crocs : mais le hardi poète :
« Qu'il ne soit pas de rebelle en ces lieux !

« Si l'un, dit-il, à frapper se dispose,
« Qu'il vienne ici m'écouter un instant,
« Et puis après qu'il m'accroche, s'il l'ose.

— « Malacoda, vas-y », cria la gent,
Qui pour mieux voir en ordre se dispose.
« Qu'est-ce ceci ? » fit l'autre en arrivant.

« Malacoda, lui réplique mon maître,
« As-tu pensé que bravant votre effort,
« En cet abîme aussi loin je pénètre,

« Sans un secours qui s'attache à mon sort?
« Va, le ciel même a seul pu le permettre
« Et nous guider dans cet âpre sentier. »

Si bien alors tomba son arrogance,
Que du démon chut la fourche à son pied.
« Allons, je crois qu'il faut de la clémence »,

## VINGT ET UNIÈME CHANT.

Fit-il ensuite ; et j'entendais ici
Crier mon maître : « Arrive en assurance,
« Toi qui te tiens sous la roche blotti. »

M'étant levé, d'arriver je m'empresse ;
Mais les démons sur moi tous avançant,
Doute me prit concernant leur promesse.

A Caprona l'on en fit tout autant,
Lorsqu'entourés, des soldats en détresse
Sur le traité ne comptaient qu'en tremblant.

Je me serrais de toute ma personne,
Auprès du guide, observant dans leurs yeux,
Leur volonté qui n'était pas bien bonne.

Baissant leur fourche, ils se disaient entre eux :
« Faut-il un peu le toucher à l'échine ?
— « Si peu que rien, ce sera pour le mieux »,

Reprenaient-ils ; mais renfrognant la mine,
Malacoda sur ces mots se tournant,
Cria soudain : « La paix ! Scarmiglione. »

Puis il nous dit : « De marcher plus avant,
« Par le rocher, n'est possible à personne,
« La sixième arche ayant chu récemment.

« D'ans accomplis, hier soir, douze cent
« Soixante et six, marquaient justement l'âge,
« Qu'a ce chemin depuis qu'il est croulant.

« Des miens, par là, quelques-uns vont descendre,
« Pour empêcher qu'on ne passe la poix :
« Ils n'oseraient sur vous rien entreprendre.

« En avant donc, Calcabrin, fit sa voix :
« Pour ces deux-ci, ne les fais pas attendre :
« Avance, avec dix démons à la fois.

« Voici plusieurs déjà qu'il te faut prendre.
« Barbarriccia, Cagnazz, Alichino,
« Et Farfarel avec Libicocco.

« Qu'on marche autour de cette poix bouillante,
« Et gardez saufs ces derniers jusqu'au pont,
« Qui droit encor près d'ici se présente.

— « Que vois-je, hélas ! ô mon doux compagnon,
« Criais-je ici. Quelle escorte effrayante !
« Oh ! marchons seuls plutôt dans le vallon !

« S'il te souvient encor de ta prudence,
« Ne vois-tu pas comme ils grincent des dents ?
« Que leur regard s'arme de violence !

— « Calme, dit-il, l'effroi que tu ressens :
« S'ils montrent tous autant d'impatience,
« Elle s'adresse aux damnés seulement. »

Bientôt à gauche appuyant leur démarche,
Ils s'ébranlaient la langue entre leur dent,
Pour faire au chef le signal de la marche :

Et lui sonnait du cor, étrangement.

## XXII

J'ai vu déjà cavaliers dans la plaine,
Aller, venir, engager le combat,
Puis être pris d'une frayeur soudaine :

J'ai vu souvent férir avec éclat,
J'ai vu tournois, cavalcade hautaine,
Souples jouteurs, et superbe gala.

Fifre ou tambour étourdissaient la fête,
Fracas des forts, étrangers instruments,
Vibrants accords de la mâle trompette.

Mais je n'ai vu chevaux, ni combattants,
Soldats, marins, ni de chef à leur tête,
Mugir ainsi que ces diables bruyants.

L'escorte était bizarre, je m'assure ;
(Mais quoi ! l'on hante à l'église les saints,
Et les gloutons dans la taverne impure).

Je regardais sur la poix, à dessein
De deviner quelle en est la nature,
Et quels esprits sont brûlés dans son sein.

Tels, des dauphins présagent la tempête,
Courbés en arc, aux yeux des matelots,
Pour indiquer que le péril s'apprête,

Ainsi je vis, pour alléger ses maux,
Plus d'un damné qui vint à la surface
Du noir bitume, y soulever son dos.

Et telle on voit la grenouille qui passe,
Hors du fossé, son museau sur le bord,
Cachant le ventre et les pieds sous la vase,

Partout ainsi se tient le peuple mort :
Et d'un démon si quelqu'un voit la face,
Il se replonge aussi prompt qu'il ressort.

Un s'attarda, comme on voit d'aventure
Une grenouille, au milieu d'un étang,
Seule, sortir hors de la vase impure.

Et Graffignazz aussitôt l'accrochant,
Par sa gluante et noire chevelure,
Comme une loutre à son croc le suspend.

(Pour ces démons, je les savais connaître
D'après leurs noms, que j'avais entendus,
Quand dès l'abord les désignait leur maître.)

« O Rubicante, attache à ses flancs nus
« Ton ongle long, de façon qu'il pénètre ! »
Hurlaient d'accord ces démons résolus.

Je dis alors : « Apprends, s'il est possible,
« Maître, en leurs mains quel est l'infortuné
« Qui sert, hélas! à ce jeu si terrible. »

Virgile, ici, l'ayant questionné,
L'esprit repart en un effort pénible :
« Dans la Navarre autrefois je suis né.

« Fils d'un ribaud, ma mère, dès l'enfance,
« Me mit sur terre aux gages d'un seigneur,
« Lequel finit par s'ôter l'existence.

« Je lui donnais Thibault pour successeur ;
« Là, d'escroquer j'acquis quelque science,
« D'où maintenant me cuit cette douleur. »

Et Ciriatte, armé d'une défense,
Qui lui sortait terrible de longueur,
Sur le damné l'aiguisait d'importance.

A mauvais chats fut prise la souris :
Barbarriccia nous dit : « Voyez, de grâce,
« Comme on embroche en ce lieu les esprits ! »

Puis, du damné, nous présentant la face :
« Allons, dit-il, parlez-lui maintenant,
« Qu'on voie enfin ce qu'il faut que j'en fasse. »

Mon compagnon reprit en se hâtant :
« Sait-on s'il est un Latin dont la place
« Soit en ce gouffre ? » Et l'esprit répliquant :

« Je quitte l'un qui fut du voisinage :
« Et plût à Dieu que je fusse avec lui !
« Je ne craindrais ni leurs crocs, ni leur rage. »

Or, comme il parle, Alichin le saisit,
Et de sa fourche il fait si bien usage,
Qu'il déchira tout le bras du maudit.

Ce fut après le tour d'un autre diable
De s'essayer ; mais leur décurion
Promène autour un regard effroyable.

Quand fut un peu calmé chaque démon,
Virgile, encor, demande au misérable,
Qui regardait son bras endolori :

« Quel est celui, me dis-tu, que tu quitte,
« Pour ton malheur, à ce qu'on voit ici ? »
Il répliqua : « C'est le frère Gomite,

« Qui de son maître ayant tout ennemi
« Dans son pouvoir, montra telle conduite,
« Que sans mentir chacun d'eux s'applaudit.

« Pour un peu d'or, aucun qui n'en fut quitte,
« Comme il l'avoue, et dans tous ses emplois,
« Ce fut, je pense, un escroc peu vulgaire.

« Don Michel Zanche est aussi sous la poix :
« A se parler tous les deux de la terre
« Où naît le Sarde, ils useraient leurs voix.

« Hélas ! encore un démon qui grimace :
« Je parlerais, mais la frayeur me prend,
« Qu'il ne s'apprête à m'arracher la face. »

Mais le grand chef aussitôt se tournant,
Crie au démon, dont le regard nous glace :
« Maudit oiseau, déloge incontinent ! »

Et le damné reprit plein d'épouvante :
« Si voulez voir ou Lombard, ou Toscan,
« Je ferai bien que plus d'un se présente ;

« Mais tout d'abord que les crocs soient absents,
« Pour que les morts n'en aient l'âme tremblante :
« Alors d'ici je vais en peu d'instants,

« Pour un damné vous montrer sept coupables :
« Je sifflerai, comme on fait aussitôt,
« Que paraît l'un sur ces flots redoutables. »

Mais Draguignaz relevant le museau,
Branle la tête, et dit : « Les misérables !
« Voyez la ruse ! il ferait vite un saut. »

Et notre mort, un maître en artifices :
« Je suis, dit-il, vraiment malicieux,
« De rendre aux miens plus cuisants leurs supplices.

Alichino n'y tint plus, et les yeux
Fixés sur lui : « Si tu fais tes malices,
« Sans me morfondre à courir de mon mieux,

« Je m'abattrai sur toi d'un grand coup d'aile ;
« Or je te laisse, et cachés par le bord,
« Nous allons voir si tu seras rebelle. »

Attends, lecteur, un nouveau tour encor.
Chaque démon détourna la prunelle,
Bien que l'on dût se défier du mort.

Le Navarrois saisit bien sa fortune ;
Il s'affermit sur le sol, et d'un bond
Sautant soudain, se rit de leur rancune.

La troupe en fut pour sa confusion ;
Trouvant surtout la chute inopportune,
Alichino commença le plongeon :

Mais bien en vain : la peur qui le domine,
Donnait une aile au mort qui disparut ;
L'autre, étonné, redressa la poitrine,

Comme un faucon qui trop vite aperçu,
Par un canard qui court à l'eau voisine,
Reprend son vol, tout honteux et déçu.

Calcabrina s'irritant de la chose,
Fut tout heureux de se prendre au démon,
Pour lui payer ce dont il était cause.

Aussi lui-même ayant fait un plongeon,
Sur l'autre diable en tombant il se pose,
Et s'entrelace avec son compagnon ;

Mais ce dernier l'empoigne avec sa serre,
Et les voilà tout d'un coup dans la poix,
Tâchant encor d'y poursuivre leur guerre.

Le chaud leur fit terminer leurs exploits.
Pour remonter, ce fut une autre affaire,
Tant ils s'étaient englués à la fois.

Barbarriccia, qu'affligeait l'aventure,
En fit voler plusieurs à l'autre bord,
Avec des crocs que chacun se procure.

Quand notre gent fut au poste, pour lor,
Aux englués qui font triste figure,
Chacun jeta son croc d'un même accord.

Et je les laisse en semblable posture.

## XXIII

Ne disant mot, nous allions sans escorte,
Un par derrière, et l'autre par devant :
Frères mineurs en iraient de la sorte.

Et je songeai, plus haut me reportant,
A ce récit qu'Ésope nous rapporte,
Où sont acteurs la grenouille et le rat.

C'est qu'en effet, des derniers la querelle
Offre un rapport avec l'autre combat,
Que j'ai dépeint d'une plume fidèle.

Et comme on voit s'engendrer nos pensers,
De cette idée en naît une nouvelle,
Dont j'eus le cœur et l'esprit oppressés.

Je me disais : — Tous ces diables, par nous
Joués sans doute à leur désavantage,
Doivent en être en violent courroux.

Qu'à leur malice ils ajoutent la rage,
Et nous pourrons supporter plus de coups
Qu'un lièvre aux dents d'une meute sauvage. —

Et les cheveux sur mon front se dressant,
Je m'écriais, parfois me retournant :
« De nous cacher si tu ne t'inquiète,

« Maître, oh ! je crains ces maudits maintenant !
« N'entends-tu pas leur horrible tempête ?
« Hélas ! je crois les voir à tout instant !

— « Moins vite en moi s'offrirait ton image,
« Si j'étais fait comme un verre plombé,
« Que je n'ai lu dans ton cœur, dit le sage :

« Car ton esprit dans le mien s'est mêlé,
« Y reflétant, trait pour trait, son langage,
« Et de nous deux je me suis conseillé.

« Que si la côte à la droite s'abaisse,
« En nous laissant dépasser le fossé,
« Nous nous rirons de leur chasse, à notre aise. »

Mais il avait à peine commencé,
Que j'aperçois leur aile qui nous presse,
Et tous les deux déjà nous saisissait.

Lui dans ses bras m'enlève encor plus vite,
Tel qu'une mère éveillée en sursaut,
Qui, voyant croître une flamme subite,

Saisit son fils et se sauve au plus tôt,
Moitié vêtue, et n'ayant, dans sa fuite,
D'autre souci que pour son doux fardeau.

Il se laissait, du haut de la colline,
Glisser le long du sommet escarpé,
Qui garde une autre enceinte qu'il domine.

Ne court si vite un filet échappé,
Du courant d'eau qui follement décline
Vers un moulin par sa chute frappé,

Que je ne vis rouler sur la lisière,
Mon compagnon, qui me tient sur son cœur,
Se montrant moins mon ami que mon père.

A peine au val je touche avec frayeur,
Que les démons, sur la montagne altière,
Apparaissaient, mais je n'en eus plus peur ;

Car leur livrant seulement une enceinte,
La Providence ordonne en même temps
Qu'ils n'iront pas porter plus loin leur crainte.

Et nous trouvons des esprits éclatants,
Qui s'en vont tous, lentement, avec plainte,
Et sous leurs maux s'essoufflent haletants.

Ils avaient bien la chape et la tournure
D'ordres pieux qu'à Cologne j'ai vus,
Et capuchons nous cachaient leur figure.

L'éclat de l'or éblouit par-dessus,
Mais par-dessous leur robe, la doublure
Était d'un plomb qui leur brisait les os.

Ah ! c'étaient là de terribles manteaux !
Au bruit dolent de ces âmes sans nombre,
Il nous fallut vers la gauche tourner ;

Mais leur fardeau les fait tant se traîner,
Que sur ma route, en arrière, chaque ombre
A tout instant paraissait s'éloigner.

Je disais donc à mon guide : « Examine
« S'il est ici quelque nom éclatant,
« Sans que moins prompt pour cela tu chemine. »

Et l'un qui vit que je parlais toscan,
Cria derrière : « Oh ! moins rapidement,
« Volez tous deux sous la pâle atmosphère !

« On vous pourra peut-être satisfaire. »
Sur ce propos, mon maître se tournant,
Me dit d'aller d'un pas plus ordinaire.

J'attendis donc, et je vis deux coupables,
Dont l'air marquait beaucoup d'empressement,
Mais qu'attardaient leurs charges lamentables.

Chacun d'abord, l'œil louche, en nous joignant,
M'examina sans dire une parole :
Puis à la fin : « Vois-tu donc le dernier,

« Comme un vivant remuer le gosier?
« Se disaient-ils : au moins la lourde étole,
« S'il était mort, attarderait son pied. »

L'un ajouta : « Toi dont l'âme surprise
« Voit notre race hypocrite, ô Toscan,
« Dis-nous ton nom, si tu ne nous méprise. »

Et moi : « L'Arno me berçait, jeune enfant
« De la cité sur son rivage assise,
« Et pour mon corps, c'est celui d'un vivant.

« Mais vous, qui donc êtes-vous, dont la peine
« Semble couler de votre œil en ruisseau ?
« Et d'où reluit ce froc que chacun traîne ?

— « De plomb doré si lourd est ce manteau,
« Prit l'un, qu'ainsi qu'une balance pleine
« Nous oscillons sous son pesant fardeau.

« Frères joyeux nous nommait-on naguère.
« Pour moi, je suis Catalane, et voilà
« Loderingo ; tous les deux dans ta terre

« Élus au lieu du premier magistrat,
« Pour gouverner, ce que nous sûmes faire,
« Le Gardingo jamais ne l'oubliera. »

Je commençai : « Votre sort déplorable... »
Mais je me tais, car paraît à mes yeux,
Crucifié par terre, un misérable,

Qui, sous trois pals se tordant furieux,
Pousse en sa barbe un soupir effroyable,
Et Catalane, au cri du malheureux,

Nous dit : « Celui dont tu vois la posture,
« Pour le salut du peuple, aux pharisiens
« Fit condamner un homme à la torture.

« Il est là nu, couché sous ses liens,
« Juste en travers, et sur sa face endure,
« Les pieds de ceux qui suivent ce chemin.

« Et dans ce lieu souffre ainsi son beau-père,
« Et les auteurs de ce fatal dessein,
« Qui fut aux Juifs un gage de misère. »

S'émerveillait le poète romain,
Voyant cet homme, en croix, sur une terre,
Où l'a cloué pour jamais le destin,

Parlant au frère, il le supplie en grâce,
L'instant d'après, qu'il voulût lui marquer
Si, sur la droite, il n'est pas une place,

Où pour sortir on pourrait s'embarquer,
Sans que d'abord, pour traverser l'espace,
Aux anges noirs il fallût s'expliquer.

Il répliqua : « Plus près que tu n'espère,
« S'élève un roc qui suit chaque vallon,
« A commencer de la muraille altière,

« Mais que l'on voit rompu sur ce rayon.
« On peut gravir par sa ruine austère,
« Qui vient croulant vers ce gouffre profond. »

Mon maître ici fixe les yeux à terre :
Et puis ajoute : « Il était donc menteur,
« Le noir démon qui nous conta l'affaire ?

— « Hé ! répond l'autre, à Bologne, par cœur,
« De tout mensonge on m'apprit que le père
« Était le diable, et j'y crois sur l'honneur. »

Un peu froissé, je crois, par ces pensées,
S'en fut soudain mon maître assez aigri.
Je quittais donc les âmes écrasées,

Suivant les pas de mon guide chéri.

## XXIV

Quand le soleil, à la fleur de l'année,
Mouille ses crins dans l'urne du verseau,
Et que la nuit gagne sur la journée :

Quand la gelée aux vitres du hameau,
Brille, imitant sa sœur immaculée,
Mais sans garder si longtemps son manteau ;

Le villageois, sa grange dépouillée,
Se lève, et voit la campagne blanchir
Aux environs : sa main tombe accablée ;

Son toit le voit aller et revenir,
L'esprit chagrin et l'âme inconsolée,
Puis il retourne, et se sent rajeunir,

Voyant partout comme un nouveau visage
A la nature : il rouvre sa maison,
Et son troupeau retourne au pâturage,

Ainsi la peur descendit sur mon front,
Quand s'assombrit la figure du sage,
Mais de mon mal j'eus bientôt guérison :

Car du vieux pont quand s'offrit la ruine,
Se retourna mon maître avec douceur,
Comme il faisait au pied de la colline.

Il regarda quelque temps tout rêveur,
L'informe aspect du rocher qui domine,
Et me saisit tout à coup sur son cœur.

Ayant alors pris conseil de lui-même,
Et d'un esprit qui savait tout prévoir,
Il me hissa, dans un effort suprême,

Au haut d'un bloc, et m'en ayant fait voir
Un autre, il dit que j'y tinsse de même,
En essayant s'il ne devait pas choir.

Et je laissais tous les porteurs de chape ;
Car à grand'peine aux angles s'accrochant,
Si notre corps à nous deux s'y rattrape.

Lui, plus léger, me poussait cependant :
J'eusse fléchi toutefois, je le pense,
N'était ici que le mur est moins grand.

Comme en effet Malebolge s'avance,
Toujours baissant, vers un centre profond,
Le premier bord qu'offre chaque vallée,

Est donc ainsi plus haut que le second.
Je touche enfin sur la masse écroulée,
Au dernier bloc suspendu hors du pont.

Je me sentis au haut si peu d'haleine,
Que je ne pus m'en aller plus avant,
Et je m'assis respirant à grand'peine.

« Dompte ton corps ainsi dorénavant,
« Me dit mon maître. A redouter la gêne,
« On laisse fuir la gloire en sommeillant ;

« Et qui sans elle a consumé sa vie,
« Laisse un vestige encor moins éclatant,
« Que sur la vague une écume flétrie.

« Or, lève-toi, secouant ta langueur,
« D'une âme, à qui la victoire est fidèle,
« Quand de son corps elle vainc la torpeur.

« Il faut gravir une plus longue échelle :
« Ce n'est pas tout d'être sorti d'ici :
« Tu m'as compris, fais profit de mon zèle. »

Alors, debout, j'étalais devant lui,
Mais sans y croire, une vigueur nouvelle,
Et je dis : « Va, je suis fort et hardi. »

Par le rocher se poursuit notre route :
Il est abrupt, étroit et raboteux,
Moins que jamais praticable sans doute.

Je me fatigue à parler de mon mieux,
Quand une voix, que mon oreille écoute,
En sons confus s'éleva de ces lieux.

La voix me vient comme inarticulée,
Bien que je sois sur la cime du pont,
Mais de colère on sent qu'elle est troublée,

Je me penchais ; mais une nuit sans nom
A l'œil de l'homme interdit la vallée :
Et je dis : « Maître, aide à ton compagnon,

« Qui par le mur tiendrait fort à descendre,
« Car j'aperçois d'ici sans distinguer,
« Comme il me faut écouter sans comprendre. »

Il repartit : « Marchons sans discuter :
« A ton désir il me faut condescendre,
« Car il est juste, et je dois m'y prêter. »

Suivant du roc les pentes difficiles,
Une huitième enceinte à ce moment,
Se manifeste à nos yeux immobiles.

Et je vis lors un ramas effrayant,
Si varié, d'innombrables reptiles,
Que j'en frissonne encore à cet instant.

Ne vantez plus les sables de Lybie ;
D'affreux pharès y fourmillent en vain,
Cancre, chélydre, et leur race ennemie :

Moins ces déserts enferment de venin,
Moins les climats brûlants d'Éthiopie,
Les bords rongés du soleil africain.

Parmi l'horrible et triste multitude,
Des esprits nus courent épouvantés,
Sans pouvoir fuir un supplice trop rude.

Leurs bras à dos de serpents sont liés ;
Ceux-ci le long de leurs reins se glissaient,
Pour se nouer par devant irrités.

Et là, sur un des damnés qui passaient,
Un long serpent s'élança, qui le prit
Juste au milieu de son cou qu'il enlace.

Vous n'eussiez dit *amen*, que le maudit,
Sous les anneaux dont l'étreinte le glace,
Prit feu, brûla, fut en cendres réduit.

Et lorsqu'il fut ainsi détruit par terre,
La cendre alors se rapproche, et soudain
Retourna l'ombre à sa forme première.

Or c'est ainsi que cet oiseau divin,
Le Phœnyx, meurt et revoit la lumière,
Quand ont touché cinq siècles à leur fin :

Herbe ni blé n'approchent de sa bouche,
Mais l'amonum et les pleurs de l'encens,
Et de nard pur est sa dernière couche.

Et tel celui qui tombe, et ne comprend
Pas trop, si c'est un démon qui le touche,
Ou bien l'effet d'un éblouissement,

Quand il se lève, alentour examine,
Encore ému de son saisissement,
S'attriste, et fait soupirer sa poitrine,

Ainsi parut l'esprit en se dressant.
Ah! quelle est donc la justice divine,
Pour qu'elle enfante un si cruel tourment ?

Ayant ouï mon guide, à sa prière
L'âme nous dit: « Naguère je tombai,
« De la Toscane, en cette fosse amère.

« Moins homme en haut que bête, je vivais,
« Fol, et Pistoie est la digne tanière
« Où moi Vanni Fucci, je me roulais. »

Et je dis : « Maître, avant qu'il se promène,
« Informe-toi quel crime il accomplit,
« Car c'est un homme et de sang et de haine. »

Sans se cacher le damné m'entendit,
Mais releva sa paupière incertaine,
Et devant moi de honte se couvrit ;

Puis ajouta : « Plus cuisante est ma peine,
« Étant surpris dans cet état honteux,
« Qu'elle n'était quand je quittai la vie.

« Je ne puis plus m'en cacher à tes yeux,
« C'est pour un vol fait dans la sacristie,
« Que j'ai dû choir aussi bas en ces lieux.

« Un autre à tort fut accusé du crime.
« Mais si ton cœur voulait se réjouir,
« Toi, qui bientôt va quitter cet abîme,

« Alors écoute un moment l'avenir :
« Les noirs chassés, Pistoie enfin respire :
« Bientôt Florence aux mœurs va refleurir.

« Mars, des rochers du val de Magre attire
« Un tourbillon qui croit à chaque pas,
« Et dans l'orage où la haine respire.

« Près de Picène on se rue aux combats :
« Quand tout à coup le voile se déchire,
« Et tous les blancs foudroyés sont à bas.

« Et j'ai voulu méchamment te le dire. »

## XXV

En achevant ces paroles, le traître
Leva ses mains en signe de mépris,
Disant : « Voilà pour toi-même et ton maître. »

Mais un serpent (je les aime depuis)
Si lestement sur son cou se vint mettre,
Que le damné frissonna tout surpris.

Puis un second reptile, qui l'enlace,
Autour des bras tout à coup se pendant,
Fit faire au mort bien piteuse grimace.

« Ah ! pourquoi donc Pistoie en t'écroulant,
« Ne faut-il pas qu'aujourd'hui tu t'embrase,
« Puisqu'à plus mal tu tombe à chaque instant ?

« Dans le royaume obscur, où je voyage,
« Je n'ai pas vu plus sacrilége esprit,
« Même entre ceux qu'enfantait un autre âge. »

Or sans nous dire un mot de plus, il fuit :
Quand sur sa trace un centaure avec rage,
Vole, en criant : « Où donc est le bandit ? »

La Maremma n'enferme, je le pense,
Tant de serpents que sa croupe en portait ;
Et droit vers nous furieux il s'élance.

Près de la nuque un dragon lui rampait,
Qui déployant sur lui son aile immense,
Lançait du feu sur ceux qu'il rencontrait.

Mon maître dit : « Ce centaure naguère
« Était Cacus, qui du mont Aventin
« Ensanglanta si souvent la bruyère.

« S'il n'a des siens partagé le destin,
« C'est pour avoir dérobé sur la terre
« Un grand troupeau dont il fut trop voisin.

« Pareils exploits du brigand finissaient
« Sous les efforts d'Hercule, qui frappa
« Sur lui cent coups, lorsque dix suffisaient. »

# VINGT-CINQUIÈME CHANT.

Durant ces mots l'autre se déroba.
Et trois pécheurs à l'instant approchaient
Qu'en vérité notre œil n'examina,

Qu'en remarquant bientôt qu'ils nous causaient;
C'est pourquoi donc notre entretien fini,
Notre regard sur ceux-ci se repose.

Nul ne m'était connu, mais il se fit,
Comme souvent le hasard en dispose,
Qu'il plût à l'un de nommer l'autre esprit,

Disant : « Quoi donc Cianfe est en arrière? »
Je mis mon doigt sur la bouche à l'instant,
En regardant Virgile avec mystère.

Or, si tu reste à me croire un peu lent,
Chéri lecteur, je ne m'en surprends guère;
Moi qui l'ai vu doute en le racontant.

Comme vers eux j'avais tourné la face,
Un long reptile, à six pieds, fit un saut
Sur un damné qu'aussitôt il enlace.

Il prend les bras dans ses pattes d'en haut ;
Des seconds pieds le ventre qu'il embrasse,
Et sous sa dent met la joue en morceau.

Des derniers pieds sur chaque cuisse il presse,
Et fait passer sa queue entre les deux,
Et sur les reins, derrière il la redresse.

Jamais le lierre au chêne le plus vieux
Ne tint si fort qu'ici, je le confesse,
Le corps du monstre, au corps du malheureux.

Puis tout d'un coup fondant comme la cire,
Ame et serpent mélangent leur couleur :
Et l'œil ne sait ce qu'il voit se produire :

Tel, à moitié bruni par la chaleur,
D'auprès du feu le papier qu'on retire,
Sans être noir, a perdu sa blancheur.

Les autres morts s'écrièrent ensemble,
A ce spectacle : « Agnel, que deviens-tu,
« N'étant hélas ! un, ni deux, ce nous semble ? »

Bientôt un seul de deux fronts apparut,
Leur face en une à tous deux se rassemble,
Un être double en un être est perdu.

Quant à leurs bras, deux de quatre restèrent :
Pour cuisse et jambe, et le ventre et le sein,
En des objets inconnus ils changèrent.

Rien n'existait plus du premier dessin,
Quand à pas lents ces membres déployèrent
L'image étrange, où deux n'étaient plus qu'un.

Comme un lézard qui se donne carrière,
Tel qu'un éclair, par un soleil de juin,
Vers un buisson glisse en une clairière :

Ainsi courait vers les deux autres, noir,
Pareil au grain de poivre, sur la terre,
Un tout petit reptile, affreux à voir.

Et sur l'un d'eux soudain vif et rapide,
De terre il saute, au ventre le piquant,
Puis sur le sol il retombe livide.

L'esprit resta muet, le regardant :
Et sur ses pieds roide, il bâille et soupire,
Comme au sommeil malgré lui succombant.

L'œil du pécheur et du monstre s'attire :
La plaie à l'un, la bouche à l'autre, épand
Une vapeur qui se mêle et s'aspire.

Lucain se taise, alors qu'il va contant
De Sabellus l'histoire horrible à lire,
Et qu'il s'apprête à m'ouïr un instant.

Qu'Ovide en fasse autant, je l'y convie ;
Car s'il a fait que Cadmus en serpent
Se soit changé, je ne lui porte envie ;

Car il n'a mis, front à front, dans ses vers,
Près d'échanger leur matière et leur vie,
Deux êtres faits d'éléments tout divers.

Donc, homme et monstre ainsi se comportèrent :
A l'un la queue en fourche se fendit,
Et du blessé les pieds se rapprochèrent.

En un instant, jambe et cuisse au maudit
Se resserrant, si bien se mélangèrent
Que la jointure entre elles se perdit.

La fourche alors prend ici la tournure
Qui là s'efface, et d'un côté la peau
Devient plus molle, et de l'autre plus dure.

Les bras du mort lui rentrent par le haut,
Et devant moi, du monstre, à leur mesure,
Je vois deux pieds s'allonger aussitôt.

Mais quant aux pieds de derrière, la bête
Les change au membre impur que nous celons,
Et qui chez l'ombre à se fendre s'apprête.

Tandis que sous la vapeur, nous voyons
Que des couleurs l'échange se complète,
Et tous les poils venus ras ou plus longs,

Un d'eux se dresse et l'autre tombe à terre,
Sans que l'on vît se tordre ici leurs yeux,
Sous qui changeait leur face tout entière.

Droit, le serpent fronce un museau honteux,
Et vers la tempe attirant la matière,
Oreille et joue en sortent deux par deux ;

Ce qui pour lors ne vient pas en arrière,
Forme le nez sur la face, en avant,
Et puis enfin une bouche ordinaire.

Je vois au mort un museau s'allongeant,
Et se cacher l'oreille dans sa tête,
Comme la corne à l'escargot rampant.

Et là, sa langue à parler toujours prête,
Semble vouloir se fendre, et le serpent
Ferme la sienne, et la vapeur s'arrête.

L'âme changée en serpent tout entière,
S'enfuit alors sifflant par le vallon :
L'autre crachait sur elle par derrière,

Et relevant soudain son nouveau front :
« Il me plaît voir, dit-il, ramper à terre
« Ainsi, Buoso, mon digne compagnon. »

Telle était donc cette effroyable enceinte,
Et du sujet m'excuse l'âpreté,
Si je dédaigne une élégance feinte.

Or quoiqu'ici je n'eusse en vérité,
Le regard calme, et l'esprit sans contrainte,
Si prompt ne fut chaque mort emporté,

Qu'on ne pût voir Scanciate en leur groupe :
Et c'est le seul qui n'eût changé de trait,
Des trois damnés qui composaient la troupe.

L'autre est celui que Gâville a pleuré.

## XXVI


Réjouis-toi d'être grande, ô Florence,
Tant qu'aux enfers ton nom est répandu ;
Car cinq larrons qui te doivent naissance,

Ont à mes yeux dans l'abîme apparu,
Dont je rougis, et tu n'en as, je pense,
Très-grand honneur sur la terre obtenu ;

Mais si pourtant mon rêve est bon prophète,
Tu sentiras d'ici fort peu de temps,
Ce qu'au Prato sans cesse on te souhaite.

Que n'ai-je encor vu ces événements !
Car puisqu'il faut que ton malheur s'apprête,
Mieux vaut plus tôt que plus tard à présent.

J'avançais donc, et remontant la pierre,
Qui nous servait de marche en descendant,
Je reprenais ma pénible carrière.

Et notre route ici se poursuivant,
Nous gravissions muets, la roche altière,
Tous deux des pieds et des mains nous aidant.

M'advint pour lors une vague tristesse,
Dont je ne puis maintenant me ravoir ;
Et tout mon cœur, ici je le confesse,

Semble courir au delà du devoir ;
Mais si le ciel à mon sort s'intéresse,
En ses faveurs je ne veux point déchoir.

Comme un manant qui cherche un peu d'ombrage,
Aux jours où l'astre aux bienfaisants rayons,
Montre aux humains plus longtemps son visage,

Lorsque dans l'air montent les moucherons,
De vers luisants voit scintiller la plage,
Où sont ses blés, ses vignes, ses moissons :

Autant de feux dans le huitième abîme
Étincelaient, comme en jugent nos yeux,
Du haut d'un roc dont j'atteignais la cime.

Et tel semblait sur ses brûlants essieux,
Le char d'Élie en sa course sublime,
Quand les chevaux se cabraient vers les cieux,

Si bien qu'à ceux qui cherchaient le prophète,
Apparaissait seulement la splendeur
Du tourbillon qui montait sur leur tête :

Ainsi ces feux se suivaient dans l'horreur
Du nouveau gouffre, et célant sa conquête,
Chacun d'entre eux renfermait un pécheur.

Je me penchais sur le pont, de manière
Que sans un roc qui me servait d'appui,
J'eusse vraiment semblé fort téméraire.

« Dans chaque flamme un mort est enfoui,
« Dit aussitôt Virgile, et sa misère
« Revêt le feu qui brûle autour de lui.

— « Maître, à présent j'en ai toute assurance,
« Dis-je à mon tour; mais je m'en doutais bien,
« Car je t'allais demander par avance,

« Quelle âme habite en ce feu qui nous vient,
« Double au sommet, comme ayant pris naissance,
« Sur le bûcher des frères ennemis?

— « Or, au dedans, repart-il, est Ulysse,
« Et Diomède, et tous deux vont unis,
« Ainsi qu'au crime, à l'éternel supplice.

« Et dans la flamme où roulent ces esprits,
« Du faux cheval on pleure l'artifice,
« Dont Ilion fut naguère surpris.

« On pleure aussi la fraude pour laquelle
« Deidamia d'Achille encor se plaint,
« Et de Pallas l'insulte solennelle.

— « Si ces esprits peuvent parler du sein
« Du feu, repris-je, ô mon guide fidèle,
« Ne m'entends pas te supplier en vain,

« De me laisser attendre que la flamme
« A double corne arrive jusqu'ici ;
« Vois que mes vœux me penchent vers leur âme. »

Et lui : « Ta bouche en me parlant ainsi,
« Doit obtenir ce qu'ici tu réclame ;
« Mais à ta voix donne un peu de répit.

« Laisse parler ton maître, c'est plus sage ;
« Car ces deux-ci, qui sont Grecs, je le crois,
« Pourraient fort bien dédaigner ton langage. »

Dès que la flamme atteignit à l'endroit
Qui lui parut convenir davantage,
Mon maître ainsi s'exprima devant moi :

« O vous, qu'enferme à deux la même flamme,
« Si j'ai de vous sur terre mérité,
« L'unique prix qu'aujourd'hui je réclame,

« (Puisque par moi votre nom fut chanté),
« C'est de connaître, oyant l'une ou l'autre âme,
« Où s'engloutit votre sort agité. »

Là, par degrés, la flamme la plus grande,
A nos regards s'ébranle en murmurant,
Pareille au feu qu'une brise gourmande ;

Puis tout à coup la cime s'agitant,
Comme une langue à parler toute prête,
Jette une voix dehors, et dit : « M'étant

« Sauvé de l'île où, non loin de Gaëte,
« Circé me tint plus d'un an arrêté,
« Alors qu'Ené voguait près de la Grèce,

« Le souvenir d'un fils, ma piété
« Pour un vieux père, et ma sainte tendresse
« Dont Pénélope avait bien mérité,

« Rien n'arrêta mon ardeur des voyages,
« Qui me faisait chercher d'autres climats
« Pour en savoir les mœurs et les usages ;

« Mais sur la mer entr'ouverte à nos mâts,
« Je hasardais mes faibles équipages,
« N'ayant d'amis que fort peu sur mes pas.

« Bientôt l'Espagne et sa rive limpide,
« Et la Sardaigne, et l'Afrique à nos yeux
« S'ouvrent, portant notre course intrépide.

« Tous nous étions déjà cassés et vieux
« En atteignant les colonnes d'Alcide,
« Qui semblent dire au navire imprudent

« De borner là son vol et son audace.
« Séville donc à droite s'enfonçant,
« Tandis que Cette à la gauche s'efface :

— « O compagnons, m'écriai-je, à présent
« Qu'à l'Occident nous marquons notre trace,
« Pour quelques jours à vivre maintenant

« Que garde encor pour nous la destinée,
« N'oserions-nous chercher sur l'Océan,
« Par les humains la terre abandonnée?

« Rappelez-vous quel pays vous conçut ;
« Pour un sort vil votre âme n'est point née,
« Mais pour quérir et science et vertu. —

« J'aiguillonnais tellement leur courage
« A ce discours, qu'après je n'eusse pu
« Dissuader les miens de ce voyage.

« Et tournant donc la poupe à l'Orient,
« D'un vol sans frein notre voile s'engage
« A gauche, au sein du perfide élément.

« Déjà la nuit d'astres purs étincelle
« A l'autre pôle, et le nôtre est si bas,
« Qu'à peine il sort du flot qui le recèle.

« Cinq fois la lune avait lui sur nos mâts,
« Montant du sein de cette mer nouvelle,
« Que nous errions toujours en ces climats ;

« Quand apparaît, bruni par la distance,
« Un si haut mont, que sur terre à nos yeux
« Jamais sommet ne parut plus immense.

« Mais peu de temps nous en fûmes joyeux :
« Car du rivage un tourbillon s'élance,
« Qui vient frapper le vaisseau, furieux,

« Faisant trois fois tournoyer la carène,
« Qui soulevant la poupe aux premiers coups,
« La proue en bas tout à coup nous entraîne,

« Et l'océan se referme sur nous. »

## XXVII

Déjà la flamme était droite et tranquille,
Ne parlant plus, et de nous s'éloignait
Au signe ami que lui faisait Virgile,

Quand de derrière, une autre qui venait,
Fixa bientôt notre vue immobile,
Grâce au vain bruit que sa cime envoyait.

Comme ce bœuf du tyran de Sicile,
Qui de celui qui l'avait façonné,
Ouït la plainte en son sein la première,

Avait pour voix la voix du condamné,
Et quoiqu'il fût d'airain, à sa manière
Semblait d'horreur et d'effroi consterné,

Ainsi, cherchant sourdement un passage,
Avec le bruit du feu qui s'avançait,
Se confondait d'un damné le langage.

Mais par la langue avec force chassé,
Sortant au haut de la cime volage,
Enfin vers nous ce discours fut poussé :

« O toi, vers qui ma voix encor se dresse,
« Et qui parlais lombard, dans le moment,
« Où s'en allaient ces âmes en détresse,

« Quoique j'arrive assez tard à présent,
« Oh ! qu'à m'ouïr un peu tu t'intéresse :
« Vois que je brûle et reste cependant.

« Si donc, au sein de ces mornes abîmes,
« Tu fus jeté du doux pays latin,
« D'où j'apportai dans ce lieu tous mes crimes,

« Dis, si la guerre en Romagne a pris fin ;
« Car mon berceau fut placé près des cimes
« Qui séparaient l'eau du Tibre, d'Urbin. »

Je l'écoutais dans une attente extrême,
Quand me toucha mon maître de côté,
Disant : « C'est un Latin, parle toi-même. »

Et moi, sans plus attendre en vérité,
Je tins au mort ce langage sincère :
« Esprit, qui reste en la flamme arrêté,

« Quoique jamais ta Romagne sans guerre
« Ne soit au cœur de ses cruels tyrans,
« En guerre ouverte elle n'est plus sur terre.

« Ravenne fait ce qu'elle a fait longtemps :
« De Polenta l'aigle y construit son aire,
« Couvrant Cervia de son vol imposant.

« L'île qui fut si longtemps déchirée,
« Et des Français fit un amas sanglant,
« Au lion vert se trouve encor livrée.

« Et le vieux dogue, et le jeune à présent,
« (Des Montagna cette race exécrée),
« Tiennent toujours leur proie entre leur dent.

« Le lioncel au nid blanc, qui varie,
« Changeant d'amis du printemps à l'été,
« Régit Santerne à Lamon réunie.

« Et du Savio le pays visité,
« Ainsi qu'il tient des monts et de la plaine,
« Vit d'esclavage ou bien de liberté.

« Mais dis ton nom, pauvre esprit qui me peine,
« Ne sois plus dur qu'envers toi je ne fus,
« Et que ce nom vive longtemps sur terre ! »

Je n'eus fini, qu'à mes regards émus
Rugit la flamme, et sa cime légère
Jeta ce souffle avec des bruits aigus :

« Si je croyais m'adresser à quelque âme
« Qui dût là-haut s'en retourner un jour,
« Je cesserais d'agiter cette flamme.

« Mais puisqu'enfin, dit-on, de ce séjour
« On ne sort plus, (car chacun le proclame),
« Je veux parler sans honte et sans détour.

« Guerrier d'abord, cordelier par la suite,
« Je crus ainsi sur terre m'acquitter,
« Et pour le ciel m'eût servi ma conduite,

« N'était celui qui me la fit quitter :
« Un pape donc (son âme soit maudite !)
« Me rengagea dans mon iniquité.

« Tant que la chair que me donna ma mère,
« Se tint debout, j'agis, en vérité,
« Moins en lion qu'en renard sur la terre.

« Ruses, détours et chemins tortueux
« M'étaient connus, tant qu'à force de faire,
« J'en fus bientôt fort célèbre en tous lieux.

« Mais quand advint cet âge redoutable
« De l'existence, où chaque homme devrait
« Baisser la voile, et rassembler le câble,

« Tout à mes yeux se dépouilla d'attraits :
« Et repentant (projet trop peu durable !)
« Au sein de Dieu je m'étais retiré.

« Mais des nouveaux Pharisiens le grand maître,
« Qui combattait tout auprès de Latran,
« Non pas le Turc qu'il eût fallu soumettre,

« (Car il allait les chrétiens guerroyant,
« Et nul d'entre eux ne s'était fait connaître
« Pour intraitable ennemi du soudan),

« Méconnut donc mon sacré caractère,
« Et vint bientôt pour m'ôter le cordon
« Avec lequel on maigrissait naguère.

« Tel Constantin vers Sylvestre, dit-on,
« S'en fut, frappé d'une lèpre hideuse,
« Ainsi de moi réclama guérison,

« Cet homme, au sein de sa fièvre orgueilleuse ;
« Il demanda conseil, mais je me tus,
« Car tout flottait dans cette âme honteuse.

« Ce que voyant, il me dit : — Que crains-tu ?
« J'absous d'abord ; mais, par ta ruse heureuse,
« Puissions-nous voir Pellestrino perdu.

« J'ouvre le ciel et le ferme sur terre,
« Comme tu sais, et tu vois dans ma main
« Que j'ai deux clefs pour pouvoir ainsi faire. —

« Cet argument me décide à la fin,
« Et croyant lors n'avoir plus à me taire,
« Je répliquais : — Puisque tu lave, enfin,

« Tous les péchés que je pourrai commettre,
« Promets beaucoup sans dessein de tenir,
« Et sur ton siége alors tu seras maître. —

« Moi mort, survint François pour me quérir ;
« Mais l'ange noir ne voulut le permettre,
« Disant : — Faut-il sans droit nous le ravir ?

« Il doit descendre avec la race impure,
« Car il donna le conseil de trahir ;
« De ce jour-là je tiens sa chevelure.

« N'est pas absous qui fut sans repentir,
« Et repentir ne peut par sa nature,
« S'unir avec le criminel désir. —

« Oh ! que j'eus peur quand, après sa réplique,
« Il me saisit, disant : — Tu t'aperçois
« Que je connais quelque peu la logique ! —

« A Minos donc il me porte, et huit fois
« La queue au juge autour des reins s'applique,
« Et la mordant de rage, à haute voix

« Il dit : — Qu'il roule en la flamme sonore ! —
« Et c'est pourquoi je suis ici perdu,
« Ainsi vêtu du feu qui me dévore. »

Or, quand après ce discours il se tut,
Partit la flamme en gémissant encore,
Et se tordant vers son sommet aigu.

Je passais outre alors avec mon maître,
Suivant le roc, jusqu'à l'arche qui pend
Sur tout damné qui naguère a fait naître

Haine ou discorde, étant encor vivant.

## XXVIII

Qui pourrait, même en des pages sans nombre,
Dire les pleurs et le sang que j'ai vus,
Quand j'avançais sur ce rivage sombre?

Certe, à conter ces objets inconnus,
Dont les mortels n'ont jamais vu que l'ombre,
Tous les discours resteraient superflus.

Mettez ensemble, et la foule innombrable
Que dévora la Pouille dans son sein,
Quand y sévit la guerre déplorable,

Où les soldats d'Annibal aux Romains
Prirent, d'après un récit véritable,
D'anneaux à Canne un si large butin :

Et les guerriers qui portèrent la peine
D'avoir lutté contre Robert Guiscard,
Et tous les morts dont se couvrit la plaine,

A Cepperane, où se montra vantard
Chaque Apulien : ceux de Tagliacose
Où désarmé vainquit le vieil Allard :

Non, si grand soit le nombre qu'on propose
D'hommes meurtris, rien n'égala jamais
L'horrible aspect de la neuvième fosse.

Comme un tonneau défoncé, je voyais
Un mort porter (quelle effroyable chose !)
Son buste ouvert, qu'ainsi j'examinais.

Tout en marchant ses entrailles pendaient,
Tandis qu'à nu ses poumons respirant,
Entre les chairs, à nos yeux se montraient.

Nous voyant donc regarder fixement,
Il dit, pendant que ses mains le frappaient :
« Vois comme ici des mains je me pourfend ;

« Vois Mahomet se déchirer lui-même !
« Ali s'en va devant moi tout en pleurs,
« Le crâne ouvert dans sa largeur extrême.

« Et tous ceux-ci dont tu vois les douleurs,
« Ainsi fendus, après l'arrêt suprême,
« Du schisme étaient là-haut propagateurs.

« Un diable est là, qui nous frappe derrière,
« Sous le tranchant de son glaive maudit,
« Recommençant de la même manière,

« Quand des damnés le chemin est fini ;
« Car notre plaie, au bout de la carrière,
« Se ferme, alors qu'on revient devant lui.

« Mais quel es-tu, toi qui demeure en place,
« Pour retarder peut-être le moment,
« Où tu dois choir du vieux pont dans l'espace ?

— « La mort encor ne l'atteint maintenant,
« Dit le poëte, et son âme est en grâce ;
« (Mais pour qu'enfin tu n'en sois ignorant),

« Moi qui suis mort, en sa course sublime,
« Je suis son guide aux cercles infernaux,
« Et je dis vrai quand ainsi je m'exprime. »

A ce discours s'arrêtèrent à flots,
Pour mieux me voir, les damnés sur l'abime,
Oubliant tous, de surprise, leurs maux.

« Or, fais là-haut que Dolfin se pourvoie,
« Toi qui bientôt reverras la clarté,
« S'il ne veut pas que dans peu je le voie ;

« S'il n'est prudent, la neige, en vérité,
« Des Novarrais loin de gêner la voie,
« Mettra bientôt le sort de leur côté. »

Le pied levé pour suivre sa carrière,
C'est en ces mots que parla Mahomet,
Puis il l'allonge en partant, sur la terre.

Bientôt un autre à qui le nez manquait,
Montrant sa gorge ouverte tout entière,
Et qui n'avait qu'une oreille, inquiet,

S'arrêta court, surpris de ma présence,
Avec les siens, puis ouvrit le gosier,
Sur qui le sang coulait en abondance,

Et dit : « O toi qui n'es pas châtié,
« Et dont j'ai vu la figure à Florence
« (Car mon esprit ne t'a pas oublié),

« Rappelle-toi Pierre de Médicine,
« Si tu revois jamais le doux vallon
« Qui de Vercelle à Marcabo décline,

« Et fais savoir aux meilleurs de Fanon,
« A Messer Guide et ser Angioline,
« Que s'il faut croire à ma prévision,

« Ils tomberont tous deux de leur navire,
« Et que noyés près de Cattolica,
« Ils subiront d'un tyran le délire.

« Jamais vers Chypre un si lâche attentat
« N'ensanglanta le maritime empire,
« Même du temps que le Grec y régna.

« Car le tyran, louche et pendable traître,
« Et qui gouverne à présent le pays
« Qu'un mort d'ici n'aurait voulu connaitre,

« Les conviera tous les deux comme amis ;
« Puis se rendant perfidement leur maître,
« Noîra d'un coup, avec eux, leurs soucis. »

Et j'ajoutais : « Dis-moi par complaisance,
« Si tu tiens tant que je parle de toi,
« Lequel, a fait du tyran connaissance? »

Il touche alors un damné devant moi,
Et lui faisant ouvrir la bouche, immense,
Il s'écria : « Maintenant tu le voi.

« Sa bouche ici muette, faisait prendre,
« Dans son exil, à César, un parti,
« Lui répétant que c'est perdre qu'attendre.

« Oh ! qu'il parut dans sa chute interdit,
« Lorsque sans langue il dut ici descendre,
« Ce Curion à parler si hardi. »

Et l'un sans main qui dans ce moment passe,
En soulevant ses deux moignons en haut,
Et dont le sang découlait sur sa face,

Dit : « De Mosca souvenez-vous plutôt !
« Tout crime, hélas! laisse après lui sa trace,
« Et le mien fit des Toscans le malheur.

— « Et fut l'arrêt des tiens », dis-je à cette ombre,
Qui souffrant là, de douleur sur douleur,
Prit en fuyant soudain l'air le plus sombre.

Je demeurai, quand, saisi de stupeur,
Se montre un fait si triste en ma présence,
Qu'à peine ici j'oserais le conter,

N'était, lecteur, ma bonne conscience.
Qui n'ayant rien dès lors à redouter,
Fait de tout point l'aveu le plus sincère.

Là, je vis certe, et crois le voir encor,
Marcher sans tête, un buste, qu'en arrière
D'autres suivaient frappés d'un même sort.

Et dans sa main sa tête suspendue,
Comme une lampe accompagnait le mort,
Et s'écriait : « Hélas! » à notre vue.

L'esprit ainsi se servait de flambeau.
Comment en deux n'était-ce qu'un seul homme?
C'est le secret du Maître de là-haut.

Quand près du pont se dressa le fantôme,
Il souleva sa tête avec sa main,
Pour approcher de plus près son langage,

Qui fut : « Vois donc mon horrible destin,
« Toi qui vivant viens en ce lieu sauvage,
« Dis, s'il se trouve un sort plus inhumain.

« Sache-le donc aussi bien que ton guide :
« Je suis Bertram de Born, qui fut jadis
« Près du roi Jean conseiller parricide.

« J'ai fait lutter le père avec le fils;
« Achitophel, d'aiguillon plus perfide,
« Contre David n'excitait Absalon.

« Pour châtiment d'une telle infamie,
« De son principe, enfermé dans ce tronc,
« Je porte ici ma tête désunie.

« J'éprouve ainsi la loi du talion. »

## XXIX

La foule immense et les diverses plaies
M'avaient frappé les yeux si fortement,
Que je sentais mes paupières mouillées.

Mon compagnon me dit en me voyant :
« Faut-il qu'au sein des âmes désolées
« Ton œil ainsi s'attache constamment ?

« Ne tiens vers eux tes regards immobiles :
« Songe, en ce val, si plus tu t'oubliais,
« Qu'il a de tour passé vingt et deux milles.

« Et maintenant la lune est sous nos pieds.
« Ne perds donc pas en retards inutiles
« Le peu d'instants qui nous sont confiés.

— « Si vous aviez, répliquai-je, ô mon maître,
« Su le motif qui me fait m'arrêter,
« Vous me diriez de demeurer, peut-être. »

Mais à le suivre il fallut m'apprêter.
Or, j'osais bien toutefois me permettre,
En le suivant pas à pas, d'ajouter :

« Dans cet abîme où je plongeais la vue,
« J'ai cru que l'un de mon sang, subissait
« Sa peine, au sein de la foule éperdue. »

Mon guide alors reprit : « Que ton penser
« Soit détourné de cette âme perdue :
« Laisse-la seule, et veuille t'avancer.

« Car du vieux pont j'avais les yeux sur elle,
« Et là, son doigt semblait te menacer,
« Et j'entendis nommer Gery de Belle.

« Mais tellement s'occupait ton regard
« De Hautefort, ce seigneur infidèle,
« Que l'autre dut songer à son départ.

— « Ah ! c'est sa mort pleine de violence,
« Et non encor vengée à ce moment,
« Dis-je, par ceux que touchait cette offense,

« Qui le rendait indigné : sûrement
« De ce penser provenait son silence,
« Et je le plains d'autant plus à présent. »

Du roc ainsi bientôt nous atteignîmes
L'endroit, d'où l'œil en dessous plongerait,
S'il faisait clair, aux plus profonds abîmes.

Nous trouvant donc sur le dernier fossé
Que Malebolge entourait de ses cimes,
Quand sous nos yeux le val fut exposé,

Monte vers nous comme un concert de plainte
Qui, s'exhalant par de tristes sanglots,
Me fit boucher les oreilles de crainte.

Si l'on voyait réunis, tous les maux
Qu'ont pu jamais tenir en leur enceinte
Les plus peuplés d'entre les hôpitaux,

Moins cet amas renfermerait de peine,
Que n'en contient le gouffre, où s'échappait
L'odeur que donne aux membres, la gangrène.

## VINGT-NEUVIÈME CHANT.

Aux derniers bords du rocher, s'avançait
Le long parcours où mon maître m'entraîne ;
Et déjà mieux le regard pénétrait

Dans cet abîme, où, ministre sévère
D'un Dieu vengeur, la justice punit,
Toute la race abjecte du faussaire.

Je ne crois pas qu'Égine se sentit
Si triste, étant malade tout entière,
(Quand l'air y fut de poisons si rempli,

Que jusqu'aux vers les animaux périrent,
Et que, d'après d'unanimes récits,
Le monde antique où ces fléaux sévirent,

Se repeupla du germe des fourmis),
Qu'en vérité les gouffres ne s'offrirent,
Montrant leurs morts en monceaux réunis.

L'un gît couché sur le ventre, ou s'appuie
Sur une autre âme, ou bien en se traînant
Rampe au sol noir du chemin qu'il essuie.

Nous avancions pas à pas, tristement,
Prêtant l'oreille à chaque âme meurtrie,
Qui ne saurait se dresser seulement.

Et j'en vis deux l'un sur l'autre, à l'attache,
Comme on verrait deux couvercles adjoints,
Et dont le corps entier n'est qu'une tache.

Et soyez sûr qu'avec autant de soins,
Ni de fureur, jamais un pauvre hère
N'étrillera des chevaux dans leurs coins,

Que ces damnés dans leur basse misère,
Pour se sauver de leur démangeaison,
N'usaient sur eux l'ongle qui les lacère.

Et sous leur doigt s'arrachait à foison
Leur gale, ainsi qu'on voit tomber à terre,
Sous le couteau, l'écaille du poisson.

« Toi, qu'à mes yeux tant de fureur inspire »,
Cria Virgile à l'un des malheureux,
« Et dont la main comme un croc te déchire,

« Dis-moi s'il est un Latin dans ces lieux,
« Parmi ton groupe, et vous puisse suffire
« Jusqu'à la fin, votre ongle à tous les deux ?

— « Las ! nous qu'on voit dans cette honte extrême
« Fûmes Latins, reprit l'âme en pleurant ;
« Mais, à ton tour, qui donc es-tu toi-même ? »

Et mon voisin repartit : « Ce vivant
« Marche avec moi, grâce à l'ordre suprême,
« Et je m'en vais, dans ces lieux le guidant. »

De s'appuyer tous les deux ils cessèrent,
Puis se tourna chacun de mon côté,
Ainsi qu'un flot d'âmes, qui m'écoutèrent.

Ce que voyant, mon maître, en vérité,
Voulut qu'aux morts ici je repartisse,
Et leur dis, de leur peine attristé :

« Qu'à tous les deux votre nom retentisse
« Par le doux monde où vous fûtes jadis ;
« Mais si mon vœu doit vous être propice,

« Révélez-moi vos noms, votre pays ;
« Que ce pénible et dégoûtant supplice
« Ne fasse pas se taire vos esprits.

— « Je suis, dit l'un, d'Arezzo ; sur la terre
« Albert de Sienne au bûcher m'envoya ;
« Mais ce n'est pas ce qui fait ma misère.

« Ma langue un jour, il est vrai, se vanta
« Que je fendrais en volant l'atmosphère ;
« Et lui, qui n'eut d'esprit, me proposa

« De lui montrer cet art : et son envie
« N'ayant pas pu se faire, il m'envoya
« Sur le bûcher qui termina ma vie.

« Mais si Minos, à ce triste fossé
« Me condamna, le crime d'alchimie
« Fut le motif par le juge exposé. »

Je dis au maître : « Il n'est, je le confesse,
« Peuple si vain que n'est le Siennois,
« Non, même pas la nation française. »

Et là, l'autre âme ayant ouï ma voix :
« Pour le Stricca, tu l'exceptes, je pense,
« Lui, qui sut tant modérer sa dépense ;

« Et Nicolo, qui là-haut s'illustra
« Quand du girofle il trouva la semence,
« Dans le jardin que si bien il fouilla.

« Excepte aussi cette bande volage,
« Où d'Ascian perdait vignes et bois,
« Où le plus fou fut aussi le plus sage.

« Or, quand je tance ici les Siennois,
« O toi dont l'œil surpris me dévisage,
« Apprends-le donc pour la première fois,

« De Capocchio je suis l'ombre ; à vrai dire,
« Mon métier fut de fausser les métaux,
« Et tu sais bien si là-haut, sans médire,

« Singe je fus fort habile et dispos. »

## XXX

Lorsque Junon se montrait courroucée,
Pour Sémélé, contre le sang thébain
(Car elle en fut mainte fois offensée),

Athamas eut telle rage en son sein,
Que quand vers lui son épouse empressée,
Courut, tenant un fils à chaque main,

Il s'écria : « Qu'on saisisse au passage,
« Dans les filets, lionne et lionceaux ! »
Puis saisit l'un de sa serre sauvage,

Et le brisa contre un roc, en morceaux,
Tandis qu'avec l'autre enfant, au rivage,
Leur mère, hélas ! se noyait dans les flots.

Et quand jadis la fortune inhumaine
Eut des Troyens consommé les revers,
Brisé leur trône et sa pompe hautaine,

Hécube en pleurs, esclave dans les fers,
Voyant périr la triste Polyxène,
Et retrouvant, rejeté par les mers,

Le corps d'un fils, en fut si malheureuse,
Qu'elle aboyait comme un chien, près des flots,
Tant sa douleur était impétueuse.

Mais, croyez-moi, ces antiques fléaux
N'inspiraient pas d'une rage envieuse,
Autant les corps au comble de leurs maux,

Que la fureur deux esprits nus et pâles
Que je voyais s'élancer en mordant,
Comme deux porcs des bauges infernales.

Et par la nuque un deux le saisissant,
Fit labourer ces terres inégales,
A Capocchio, qu'il traînait tout tremblant.

Ce que voyant, pris de peurs incroyables,
L'Arétin dit : « C'est Jianni Schicchi
« Qui court ainsi, mordant tous les coupables.

— « Or, qu'à ton cou, repris-je, l'autre esprit
« N'imprime pas ses dents trop redoutables ;
« Mais toi, dis-moi comme on le nomme ici.

— « C'est, repart-il, de Myrrha l'âme antique,
« Qui de son père amoureuse devint,
« Dans les accès d'une rage impudique.

« Elle changea de corps, dans le dessein
« De contenter sa passion fatale ;
« De même, ici, que le mort son voisin,

« Pour acquérir une belle cavale,
« Prenait le nom de Boso Donati,
« Testant pour lui dans la forme légale. »

Et des deux morts l'un et l'autre parti,
Sautant toujours en la route infernale,
Mon œil ailleurs regarda tout saisi,

Quand je vis l'un d'un aspect si difforme,
Que si son corps à l'aine finissait,
Juste d'un luth il aurait eu la forme.

L'hydropisie affreuse, qui donnait
Si forte ampleur à tout son ventre énorme,
Que plus la tête au corps ne répondait,

Lui fait ouvrir une bouche oppressée ;
Tel, en sa soif, l'étique constamment
Lève une lèvre, et tient l'autre baissée.

« O vous, qu'ici n'accable aucun tourment,
« (Ce qui confond quelque peu ma pensée),
« Voyez tous deux, dit l'esprit, seulement,

« De maître Adam quelle advint la misère :
« J'eus tout sur terre au gré de mes souhaits,
« Et de l'eau même ici je n'en ai guère.

« Du Casentin les ruisseaux écoulés,
« Qui de l'Arno vont former la rivière,
« Creusant leurs lits agréables et frais,

« Me sont toujours présents ; mais leur image,
« Hélas ! ô Dieu, m'altère cent fois plus
« Que la douleur dont maigrit mon visage.

« Du souvenir des lieux que j'ai perdus,
« Se sert le ciel et trop juste, et trop sage,
« Pour rendre ici mes tourments plus aigus.

« A Romana, ma main frappait monnaie
« Au coin de saint Jean-Baptiste, et là-haut
« Je fis si bien, que ma peau fut brûlée.

« Mais pour revoir Alexandre ou Guido,
« Bien que la soif qui m'altère soit forte,
« Je donnerais Fonte-Brande et son eau.

« Un d'eux, d'enfer a déjà vu la porte,
« A ce qu'ont dit les enragés esprits ;
« Mais en l'état où je suis, que m'importe ?

« Que si par siècle il me restait permis
« De faire un pas, j'en irais de la sorte
« Quérir cette âme au milieu des maudits ;

« Bien soit-il vrai que ce damnable asile,
« Ici mesure onze milles de tour,
« Et de largeur je crois un demi-mille.

« J'ai chu par eux si bas en ce séjour,
« Car j'en appris, écolier trop docile,
« Mon vil métier qui se cache au grand jour. »

Et je lui dis : « Vers la droite, à ta place,
« Qui sont ces deux qu'on voit en se pressant,
« Fumer, ainsi qu'un fer chaud sur la glace ?

— « Tels je les vis, fait-il, en arrivant,
« Sans mouvement dans leur étroit espace,
« Et tels sans doute ils seront constamment.

« De Putiphar la première est la femme ;
« Pour son voisin, c'est le fourbe Sinon.
« La fièvre fait fumer ainsi leur âme. »

Et l'un des morts qui se crut à l'affront,
En se voyant nommer d'un titre infâme,
De maître Adam frappa le ventre rond.

Tel qu'un tambour résonna l'hydropique,
Qui frappant l'autre à la face d'un bras
Fort vigoureux, lui fit cette réplique :

« Encor qu'ici je ne puisse d'un pas
« Mouvoir mon corps, la main que je t'applique,
« Elle, à frapper ne se refuse pas. »

L'autre repart : « Quand ton âme damnée
« Fut au bûcher, ton bras n'était si prompt ;
« Mais qu'il l'était pour battre la monnaie ! »

Et maître Adam : « Tu dis juste, Sinon ;
« Mais ta parole était-elle aussi vraie
« Quand tu mentais si bien dans Ilion ? »

— « Elle était fausse, et ton argent naguère
« L'était bien plus, prit le Grec, et pour moi
« Je n'ai commis qu'un seul crime sur terre.

— « Ah ! du cheval à jamais souviens-toi,
« Fait l'hydropique, et ressens ta misère,
« D'autant qu'au monde on connaît mieux ta foi.

— « Et toi, ta langue impure, crevassée,
« Maudit toujours cette eau trouble qui fait,
« Devant tes yeux, de ton ventre une haie. »

Alors le faux monnayeur : « Il te plaît
« De mal parler, même en cette vallée ;
« Mais si j'ai soif et demeure gonflé,

« Pour toi, toujours la fièvre te consume,
« Et de Narcisse à lécher le miroir,
« Il ne faudrait t'exciter, je présume. »

Comme ainsi donc je m'arrête à les voir :
« Garde qu'ici mon dépit ne s'allume
« Pour un pareil oubli de ton devoir »,

Me dit mon maître ; et voyant sa colère,
Je me tournais devers lui, si honteux
Que je rougis de son blâme sévère.

Et tel, en songe un homme malheureux
Voudrait rêver, tellement qu'il espère,
Quand il n'a pas même à former de vœux,

Ainsi troublé je restai sans langage ;
Et ne pouvant m'excuser, ce seul fait
Fut mon excuse auprès du noble sage.

« Il ne faut pas, pour si petit méfait,
« Qu'autant de honte assiége ton visage ;
« Console-toi, dit-il, c'est mon souhait,

« Et sache bien que ton guide fidèle
« Est toujours là, s'il t'arrivait jamais
« D'être témoin de semblable querelle :

« Car on s'abaisse à regarder ces faits. »

## XXXI

Ta langue ainsi me fut fatale, ô maître,
En commençant par me faire rougir,
Et sur la fin réjouit tout mon être.

Telle d'Achille, à ce qu'on peut ouïr,
La lance, appui de son noble courage,
Frappait des coups qu'elle savait guérir.

Ayant à dos le val morne et sauvage,
Nous traversions le bord qui l'entourait,
Suivant muets tous deux notre voyage.

Là ni le jour, ni la nuit ne régnait,
Si bien que l'œil s'ouvre à peine un passage ;
Mais si bruyant un cor retentissait,

Qu'on n'eût ouï résonner un tonnerre ;
Et vers ce son qui m'attirait à lui,
Se concentrait mon âme tout entière.

Après le jour où, dévoré d'ennui,
Charles perdit tout le fruit de la guerre,
Roland si fort ne sonna dans la nuit.

Je portais là les pieds comme la vue,
Et dis, croyant reconnaître des tours :
« Maître, quelle est cette terre inconnue? »

Et lui : « Tu veux de ces sombres parcours
« Sonder trop loin la douteuse étendue,
« Ton œil aussi s'égare dans son cours.

« Tu vas connaître à quel point la distance
« Peut nous tromper, quand tu seras là-bas ;
« Qu'un peu plus vite aussi bien tu t'avance. »

Puis s'attachant doucement à mon bras :
« Pour t'enlever ta présente ignorance,
« Sache, dit-il, que tu ne voyais pas

« Là-bas des tours, mais la haute stature
« D'altiers géants dans le puits enfoncés,
« Jusqu'au nombril, et bordant l'ouverture. »

Ainsi qu'au sein des brouillards dispersés,
De mieux en mieux l'œil distingue à mesure
Que la vapeur cache moins chaque objet :

Ainsi, perçant l'épaisseur du nuage,
Fuit mon erreur, et ma frayeur renaît,
Comme à grands pas j'approchai du rivage.

Tel d'un château vous voyez les circuits
Dresser de tours un superbe étalage,
Ainsi, gardant la bordure du puits,

Jusqu'à mi-corps, tels que des forteresses,
Y surgissaient les géants, que Jupin
Menace encor de foudres vengeresses.

Et d'un déjà je distingue à la fin
Les traits, sur qui l'audace encor respire,
Poitrine, épaule, et le ventre, et le sein.

(Certes Nature en cessant de produire
Ces animaux, fit bien d'ôter à Mars
De tels suppôts trop savants à détruire ;

Et si l'on trouve en petit nombre épars
Les éléphants, l'éternelle clémence
Doit mériter d'autant plus nos égards ;

Car si jamais se joint l'intelligence
Avec la force et le méchant vouloir,
Plus aux humains ne sert la résistance.)

Or, du géant la face horrible à voir,
Passe en grosseur une coupole immense,
Et ce qu'il laisse ensuite apercevoir

De tout son corps, que recouvre en partie
Le bord du puits, tellement à nos yeux,
Se dresse en l'air encore à sa sortie,

Que trois Frisons n'atteindraient les cheveux ;
Si bien qu'alors, la figure ébahie,
Je regardais, tout tremblant et peureux.

« *Raphel mai amech zabi, almi* »,
Cria la bouche affreuse, dont la voix
Ne peut chanter dans un plus doux langage.

Et mon voisin lui cria par deux fois :
« Saisis ce cor, dont le son te soulage,
« Quand de fureur ton âme est aux abois.

« Cherche à ton cou : si mieux tu t'examine,
« Tu trouveras le cuir qui le suspend,
« Et que l'on voit te sangler la poitrine.

« C'est là Nemrod, dit-il en me parlant,
« Sans qui sur terre, ainsi qu'à l'origine,
« L'homme n'aurait qu'une langue à présent.

« Laissons-le là, sans causer davantage,
« Car il ne peut comprendre nos discours,
« Non plus que nous son bizarre langage. »

Tournant à gauche, après quelques détours,
Je vois encore au terme du voyage,
Un des géants commis aux noirs séjours.

Qui garotta celui que j'examine ?
Je n'en sais rien ; mais lui liant à dos
Un de ses bras, et l'autre à sa poitrine,

Cinq fois sur lui se roulaient des anneaux,
Du col, au point où sa taille est voisine
Des bords du puits, qui n'étaient pas bien hauts.

« Ce téméraire opposa sa puissance,
« Fit le poète, au souverain des dieux ;
« Aussi tu vois quelle est sa récompense.

« C'est Éphialte ; et se ruant aux cieux,
« Il partagea des Titans la démence ;
« Son bras s'indigne enchaîné dans ces lieux. »

Je répliquai : « J'ai quelque impatience,
« Si Briaré se trouve aussi par là,
« D'en voir la face et la stature immense. »

Il répondit « Près d'ici tu verras
« Anté, vers qui notre course s'avance :
« Au bas enfer son bras nous placera.

« De Briaré moins voisine est la place,
« Il est lié, pareil à celui-ci ;
« Mais plus d'horreur se trahit sur sa face. »

Quand le mont tremble, à sa crête bâti,
Jamais un fort ne s'émut sur sa base
Si bruyamment qu'Éphialte ne fit.

Mon cœur ému sentit telle détresse
Que la frayeur m'eût tué, si mes yeux
N'avaient point vu le lien qui le presse.

Comme un peu plus je m'enfonce en ces lieux,
Le fier Anté de cinq aunes se dresse,
A mes regards, sur le puits ténébreux.

« O toi, qui vers cette heureuse vallée
« Où Scipion s'est acquis tant d'honneur,
« Quand Annibal retira son armée,

« Devins bientôt des lions la terreur,
« Et qui fais voir en ta force indomptée,
« Qu'elle eut sans doute, en aidant leur vigueur,

« Fait triompher les enfants de la terre,
« Dépose-nous dans l'abîme où, glacé,
« L'affreux Cocyte étale sa rivière.

« Ne nous envoie à Titye ou Typhé ;
« Lui, peut donner ce que votre âme espère.
« Baisse-toi donc et sois moins courroucé.

« Sa voix rendra ta mémoire éternelle :
« Car celui-ci vit encore, et vivra
« Là-haut longtemps, si Dieu ne le rappelle. »

A son discours, le géant se hâta
D'étendre autour de mon guide fidèle,
La main qu'Alcide autrefois éprouva.

Et se voyant saisir, le doux Virgile
Me cria : « Viens, que je te prenne aussi ! »
Je m'attachai donc à ce maître habile.

Telle apparaît Garizende, à celui
Qui voit sur elle un nuage qui file,
Quand elle penche et s'incline vers lui :

Auparavant qu'il courbât sa stature,
Tel à mes yeux paraissait le géant,
Qui m'effrayait beaucoup, je vous assure.

Mais dans le cercle à Judas, doucement
Sa main nous pose au fond du morne empire,
Et tout son corps, penché pour un moment,

Redevient droit comme un mât de navire.

## XXXII

Si mon accent, plus âpre et plus sauvage,
Luttait d'horreur avec le gouffre affreux,
Sur qui l'enfer entier pèse avec rage,

De mes pensers le fleuve impétueux
Déborderait ; mais mon faible langage
Marche en tremblant dans ces lugubres lieux ;

Car l'entreprise est pénible et hardie,
De raconter le fond de l'univers,
Et s'y perdrait langue qui balbutie.

Inspirez donc, ô vierges, tous mes vers,
Vous qui dictiez d'Amphion l'harmonie,
Quand surgit Thèbe au bruit de ses concerts.

Ah ! plût à Dieu que vous fussiez sur terre
Jadis, hélas ! pareils aux animaux,
Pauvres damnés, vils jouets de misère !

Du fond du gouffre, insondable chaos,
J'examinai dans sa stature altière,
Tout au-dessus, le géant au repos,

Quand on me crie : « O prends garde où tu passe !
« Faut-il fouler tes frères sous ton pied,
« Marquant sur ceux qui gémissent, ta trace ? »

Je me retourne, et l'esprit inquiet,
Je vois un lac : son ingrate surface
Paraît un verre aussi dur que l'acier.

Jamais le cours du Danube rapide,
Ni sous son ciel le Tanaïs glacé,
Ne se couvrit d'un voile aussi rigide :

Et tout entier sur le lac élancé,
Le Tabernich, sans y faire une ride,
Y roulerait de sa base arraché.

Et comme à bord une grenouille arrive
Montrer sa tête, et croasser aux yeux
De la scilleuse assise sur la rive :

Jusqu'à l'endroit du corps, le plus honteux,
Telle en ce lieu plongeait l'âme plaintive,
Claquant des dents sous un froid rigoureux.

Chacun des morts tient en bas le visage ;
Leurs traits gercés, leurs yeux gros de douleurs,
Les plaignent mieux que ne fait leur langage.

Là, sur ces morts qu'affligent tant d'horreurs,
J'abaissais l'œil, et je vis, avec rage
Front contre front, se serrer deux pécheurs.

Et je leur dis : « Pourquoi de la poitrine
« Vous heurtez-vous ? » Leur cou dans le moment
Tourne en arrière, et chacun m'examine.

Entre leurs cils quelques larmes roulant,
Viennent alors (ô vengeance divine !)
Et les glaçant, le froid les y suspend.

Voyant ainsi se coller leur paupière,
En leur douleur, comme fait un bélier,
Les deux damnés luttaient avec colère.

Et l'un des morts, dont l'oreille à moitié
Tombait de froid, les yeux fixés à terre,
Me dit : « Pourquoi ce regard de pitié ?

« Pour ces deux morts, si tu les veux connaître,
« Du val baigné par le Bisenzio,
« Leur père illustre, Albert, était le maître.

« Et vainement tu chercherais tantôt
« Dans tout l'enfer, n'importe où tu pénètres,
« Jamais ne vint pire ombre de là-haut ;

« Ni celle-là que d'un coup formidable,
« Le vieil Arthus en entier traversa ;
« Ni celle-ci dont l'âme déplorable,

« Pour me barrer la vue, est toujours là ;
« Tu la connais, quoique méconnaissable :
« Mascheroni naguère on l'appela.

« Et pour qu'enfin du parler je n'abuse,
« Connais en moi Camicion Pazzi ;
« J'attends Carlin qui sera mon excuse. »

Là, j'aperçus le visage transi
De mille morts, et mon âme confuse
Frissonne encore en y songeant ici.

Et comme alors nous dévorions l'espace,
Droit vers le centre où tendent tous les poids,
Tous deux tremblants sur l'éternelle glace,

Fut-ce hasard? (à peine je le crois),
Comme au milieu de ces têtes je passe,
Soudain mon pied heurta l'une à deux fois.

« Pourquoi frapper? sanglota le coupable;
« Viens-tu venger les sommets d'Aperti?
« Sinon, pourquoi ces coups dont tu m'accable? »

Et je dis donc : « O maître, attends ici,
« Je veux sonder ce mystère effroyable;
« Si tu le veux, j'aurai bientôt fini. »

Lors il s'arrête : et tel est mon langage,
Envers celui qui blasphème toujours :
« Qui donc es-tu pour montrer tant de rage?

— « Mais quel es-tu toi-même, qui parcours
« L'Antenôra, nous foulant au passage?
« Car d'un vivant les pas seraient moins lourds.

— « Or, je le suis, repris-je, et si ton ombre
« A soif encore aujourd'hui de renom,
« Je puis l'orner du poétique nombre. »

Et lui : « L'oubli couvre à jamais mon nom !
« On flatte mal sur ce rivage sombre,
« Aussi va-t'en, car plus je ne répond. »

Ma main saisit alors sa chevelure :
« Il te faudra, dis-je, te découvrir,
« Ou je vais mettre à nu ta tête impure.

— « Tu peux, prit-il, avec rage sévir ;
« Je te tiendrai ma destinée obscure,
« M'accablas-tu jusqu'à n'en pas finir. »

Et ses cheveux que mes doigts vont saisir,
Tombant déjà, tant l'étreinte était dure,
Le front ployé je l'entendais rugir :

Quand un damné : « Bocca, qui t'épouvante?
« Est-ce trop peu que de grincer des dents
« Sans aboyer? quel démon te tourmente? »

— « Et maintenant ne dis rien, j'y consens,
« Dis-je au pécheur, je veux rendre éclatante,
« Traître maudit, ta vergogne aux vivants.

— « Va, repart-il, et dis toute ma honte;
« Mais parle aussi quelque peu, sous les cieux,
« De celui-là dont la langue est si prompte :

« L'or des Français lui mouille encor les yeux.
« Par l'univers, à ton aise raconte
« Que Duera se morfond dans ces lieux.

« (Si l'on s'enquiert du reste), en ta présence
« Voici tout près déjà Beccaria :
« On lui coupa la gorge dans Florence.

« Soldanieri se trouve aussi par là;
« Quant à celui qui se tient à distance,
« Il doit savoir qui livra Faenza. »

Nos pas quittaient l'ombre déjà muette,
Quand je vis deux dans un même fossé,
L'un dépassant son voisin de la tête.

Et par la faim, tel qu'un homme pressé,
Il enfonçait une dent satisfaite
Dedans la nuque à l'autre infortuné.

Il lui rongeait le crâne et la cervelle,
Tel que Tydée autrefois acharné
Sur Ménalippe, en sa rage cruelle.

« Toi qui fais voir, t'attachant au damné
« Que tu dévore, une haine immortelle,
« Dis-m'en la cause, et tiens pour assuré »,

Dis-je au pécheur, « si tu la justifie,
« Sachant vos noms, et son crime exécré,
« Que je t'irai venger dans ta patrie,

« Si de mes jours la source n'est tarie. »

## XXXIII

De son repas, le mort à ma prière
Lève la bouche, et l'essuie aux cheveux
Du crâne, objet de sa sombre colère.

Puis il commence en ces termes : « Tu veux,
« Bien que mon cœur déjà s'en désespère,
« Que je réveille un souvenir affreux.

« Si le récit d'une indigne souffrance,
« Couvre pourtant d'opprobre celui-ci,
« Malgré mes pleurs je romprai le silence.

« Je ne sais pas qui t'a conduit ici,
« Ni ton dessein : je te crois de Florence ;
« A ton parler j'en jugerais ainsi.

« Je suis le comte Ugolin ; pour cette âme,
« On la nommait l'*archevêque Roger* :
« J'eus trop raison d'exécrer cet infâme.

« Comment jadis il ourdit son projet,
« Pour m'attirer dans une habile trame
« Et me tuer, tu sais trop ce sujet.

« Ce que là-haut toujours on a dû taire,
« C'est comme alors mon trépas fut affreux ;
« Écoute, et vois s'il m'offensa naguère.

« Un soupirail de ce cachot hideux,
« Nommé depuis, *Tour de la Faim,* sur terre,
« Et qui verra bien d'autres malheureux,

« M'avait montré, par sa faible ouverture,
« Souvent la lune, avant ces derniers temps
« Témoins du songe où je lus ma torture.

« Devant cet homme, et ses nombreux servants,
« Fuyaient un loup et sa progéniture,
« Au mont qui cache aux Lucquois les Pisans.

« Avec leurs chiens, meute agile, efflanquée,
« Volaient aussi Lanfranchis, Sismondis,
« Tous acharnés à la bête traquée.

« En peu de temps, le père et les petits
« Tombèrent las ; et prompts à la curée,
« Je vis les chiens s'arracher leurs débris.

« Or, quand du jour m'éveilla la lumière,
« J'ouïs mes fils qui demandaient du pain,
« Tout en dormant à côté de leur père.

« Et si déjà ton esprit ne m'a plaint,
« Songeant combien m'émouvait leur prière,
« T'en faut-il plus pour que tu pleure enfin ?

« Chacun s'éveille, et déjà l'heure passe
« Où l'on nous sert un avare aliment :
« Tous ils tremblaient de leur rêve à leur place,

« Quand de la tour j'ouïs à ce moment,
« Clouer la porte, et froid comme la glace,
« Je regardai, sans faire un mouvement.

« J'avais l'œil sec, avec un cœur de pierre ;
« Mes fils pleuraient. Quand Anselmuccio
« Me dit : — Qu'as-tu pour nous regarder, père ? —

« Je restai là, sans lui répondre un mot,
« Ce jour fatal, et la nuit tout entière.
« Quand le soleil se leva de nouveau,

« Comme un rayon qui tombait des nuages
« Perça ma tombe, et que je vis enfin
« Mon propre aspect sur leurs quatre visages,

« De désespoir je me mordis la main ;
« Pour eux, croyant que je souffrais la faim,
« A mes côtés ils se lèvent soudain,

« Disant : — Mangez plutôt de nous, mon père,
« A notre chair vous donnâtes le jour ;
« Reprenez-en la dépouille grossière. —

« De m'apaiser ce fut alors mon tour ;
« Deux jours durant ni plainte, ni prière !
« Ah ! sur mon front que ne tombait la tour !

« Or, à mes pieds, dès la quatrième aurore,
« Gaddo se jette, invoquant ma pitié.
« — Père, dit-il, tu nous délaisse encore. —

« Et puis il meurt : ce fut lui le premier.
« Deux jours après, la faim qui les dévore,
« Sous l'œil du père avait pris le dernier.

« Je me traînai sur ce débris funeste,
« Les appelant trois jours après leur mort,
« Et puis la faim l'emporta sur le reste. »

Là, l'œil hagard, il se tait, sans remords
Se reprenant au damné qu'il déteste,
Et comme un chien mordant au crâne encor.

Ah ! Pise, Pise, opprobre séculaire
Du beau rivage où résonne le *si,*
Puisque ton crime est encore impuni,

Que Gorgona, pour te noyer entière,
Et Capraja, s'empressent d'accourir
Devant l'Arno, lui barrer sa carrière ;

Car si le comte, à ce qu'on peut ouïr,
Vendit tes murs au plus fort de la guerre,
A cette croix, devais-tu réunir

Aussi ses fils ? O maudite, leur âge
Excusait trop Brigatte, Uguccion,
Et ces deux-là qu'a nommés mon langage.

Nous passons outre, et d'un plus dur glaçon,
Se resserrait l'enveloppe sauvage,
Sur tous les morts étendus de leur long.

Là, les pleurs même à leurs larmes s'opposent,
Et sans couler, remontent vers le cœur,
Des bords de l'œil sur lesquels ils se posent ;

Car sous le froid dont sévit la rigueur,
Entre les cils les pleurs qui s'interposent,
Gèlent, barrant son cours à la douleur.

Et quoiqu'alors en gerçant mon visage,
Le froid parut, chez moi, du sentiment
Avoir éteint désormais tout usage,

Il me sembla que je sentais du vent.
« Quel souffle ici trouve encore un passage ?
« J'ai cru que tout était mort à présent. »

Mon maître dit : « Nous tendons vers la terre,
« Où tu liras ta réponse des yeux,
« Voyant d'où vient cette haleine légère. »

Et tout à coup j'entends un malheureux,
Qui nous criait : « Cœurs dignes de misère,
« (Puisque la mort vous punit en ces lieux),

« De mon regard, oh ! levez la barrière,
« Pour que mon cœur se soulage un moment,
« Avant de voir se geler ma paupière.

— « Que si tu veux, répondis-je à l'instant,
« Dire ton nom, je vais te satisfaire :
« Sinon, le lac m'engloutisse à présent !

— « Je suis, dit-il (s'il faut que je réponde),
« Frère Albéric, l'homme au fruit malfaisant,
« Trop bien puni dans cette fosse immonde. »

Je m'exclamai : « Tu n'es donc plus vivant ! »
Il me repart : « Comment mon corps au monde
« Est-il encor, je n'en sais rien vraiment ;

« Mais le péché que commit Ptolémée,
« Fait tomber l'âme ici-bas quelquefois,
« Sans qu'Atropos l'ait encore poussée.

« Et pour qu'enfin tu te presses à ma voix,
« De m'enlever cette eau cristallisée,
« Sache que quand trahit l'âme une fois,

« Comme j'ai fait, dans son corps qu'elle quitte
« Un diable arrive et, durant de longs jours,
« Meut les ressorts de ce corps qu'il habite,

« Pendant que l'âme arrive aux noirs séjours.
« Et que sait-on, si ce mort qui t'évite
« Ne semble pas là-haut vivre toujours ?

« Or, tu sais bien si je mens à cette heure :
« C'est Doria qui tua son parent.
« Depuis trois ans l'enfer est sa demeure.

— « Tu mens, repris-je, il est encor vivant,
« Le Doria ! (j'en ferais la gageure),
« Il mange, dort, boit encore à présent.

— « La fosse, où gît l'âme de Malebranche,
« Dit-il, au sein du bitume brûlant,
« N'avait encore englouti Michel Zanche,

« Que vint un diable à sa place en son corps.
« Et l'un des siens, traître à ce misérable,
« Vit de la sorte animer ses ressorts.

« Mais veuille étendre une main secourable ;
« Ouvre mes yeux. » Sans ouïr ses transports,
Je n'ouvris pas, par mépris du coupable.

Ah ! fils de Gêne, hommes au cœur pervers,
Veufs de vertus, que le vice accompagne,
Que n'êtes-vous bannis de l'univers !

Avec le pire esprit de la Romagne,
J'ai vu baignant déjà dans les enfers,
D'un d'entre vous l'âme vile et grossière.

Et son corps vit cependant sur la terre.

## XXXIV

— *Vexilla regis prodeunt inferni,* —
« Regarde donc en avant, dit mon maître,
« Si tu saurais déjà les reconnaître. »

Tel, quand le ciel d'un brouillard envahi
Se voile, ou bien que la nuit vient de naître,
Semble un moulin par les vents assailli,

Telle, au lointain, se mouvait comme une aile.
Du vent qui souffle alors je m'abritai
Au flanc du guide, en ma frayeur mortelle.

Là j'aperçus (qui n'en frissonnerait ?)
Des morts couverts par la glace éternelle,
Et transparents pour qui les observait.

Ils se voyaient droits ou couchés, la tête
Tantôt en haut, mais plus souvent en bas,
Ou bien courbés comme l'arc qu'on apprête.

Ayant alors assez compté de pas,
Pour qu'on pût voir en sa sombre retraite,
L'ange tombé des célestes États,

Je vois soudain se déplacer mon guide,
Disant : « Voici Dîté, voici le lieu,
« De qui l'aspect veut une âme intrépide ! »

Quel fut mon trouble en ce morne milieu,
Pour le conter ma voix est trop timide,
Car d'en parler me servirait bien peu.

Je ne meurs pas, je ne suis plus en vie :
Tâche en ces mots de saisir, si tu peux,
Combien, lecteur, j'avais l'âme transie.

Pour l'empereur du règne douloureux,
Sortait du lac sa poitrine à demie ;
Et l'homme égale un géant beaucoup mieux,

Que les géants l'un des bras de l'archange :
Juge par là quel est le corps entier,
Un membre ayant cette grandeur étrange.

## TRENTE-QUATRIÈME CHANT.

Si beau jadis, sa laideur fait pitié ;
Du front levé contre lui Dieu se venge,
Et pour jamais l'écrase humilié.

Oh ! pour mes yeux l'étonnante merveille,
De contempler trois faces à ce front !
L'une devant, qui paraissait vermeille ;

Deux qui venaient s'ajouter au démon,
Sur chaque épaule, et de grandeur pareille,
Dont au cerveau le sommet correspond ;

Et pour la droite, elle était blanche et jaune ;
Quant à la gauche, elle avait la couleur
Du noir brûlé sous son ciel qui rayonne.

Une aile double, effrayante en hauteur,
Autour de lui se balance et résonne,
Plus qu'une voile étalant de largeur.

A nos regards elle semble velue
Comme le corps de la chauve-souris.
Un triple vent, sitôt qu'il la remue,

Glace en entier ces lugubres pays.
De ses six yeux, ruisselaient à ma vue,
Sur trois mentons, des pleurs noirs et flétris.

Puis chaque bouche, ouverte, sans relâche,
Brisoir avide, écrasait un pécheur ;
Et j'en vis trois qui servaient à la tâche.

Mais au milieu, sur l'un, tout en fureur,
Bien moins la dent que la griffe s'attache,
Faisant frémir le maudit de terreur.

« Cette âme-là, des trois la plus en peine,
« Prit le poète, est celle de Judas,
« Dont au dehors la jambe se démène,

« Lorsque le diable engloutit corps et bras ;
« Regarde Brute à la face d'ébène,
« Muet, se tordre, avec la tête en bas.

« L'autre est Cassius (s'il faut que je le dise).
« Or, la nuit vient : c'est l'heure de partir ;
« Nos yeux ont vu l'universel supplice. »

Lors à son cou je me pends à loisir :
Et lui d'abord saisit l'instant propice :
Et quand assez l'aile paraît s'ouvrir,

Au dos velu du diable il se cramponne ;
Puis il descend tout le long de son flanc,
Tandis qu'autour la glace l'environne.

Et quand il fut, avec moi descendant,
Près de la hanche, on dirait qu'il frissonne,
Et tout à coup, d'angoisse haletant,

Avec effort tourne à ses pieds la tête ;
Et le sentant s'accrocher pour monter,
J'imaginai, l'âme tout inquiète,

Que dans le gouffre il m'allait reporter :
« Tiens à présent fortement ton assiette,
« Car, me dit-il, c'est ainsi que l'on sort. »

Il passe enfin la fente d'une roche,
Et me dépose à l'instant sur le bord ;
Puis près de moi, pour s'asseoir, il s'approche.

Levant les yeux, je pensais voir encor
En même état, l'auteur de tout reproche :
Ses pieds en haut me parurent pour lor.

Et comme ici se troublait ma pensée,
Que le lecteur en juge, qui ne voit
Comme s'était faite la traversée.

« Allons, me dit mon maître, lève-toi :
« La voie est longue et fort embarrassée,
« Et sur le ciel remonte l'astre-roi. »

D'un beau palais ce n'était point l'allée
Que nous foulions, mais un âpre ravin
Où la lumière était comme voilée.

« O maître, avant de nous tirer enfin
« Des sombres lieux, dis-je, l'âme troublée,
« Daigne éclairer mon esprit incertain :

« Par quel secret, ne voyant plus la glace,
« Vois-je le front de Lucifer en bas,
« Et le matin près du soir, qu'il efface ?

— « Je vois, dit-il, d'où vient ton embarras,
« C'est que tu penses être au centre, à la place
« Où par le ver maudit tu t'accrochas.

« Nous étions là tant que j'ai dû descendre ;
« Mais quand mon corps se tourna, je passai
« Le point, vers qui tout gravite et doit tendre.

« Et c'est ici l'hémisphère opposé,
« Juste à celui que l'homme voit s'étendre
« Sur son empire, et sous qui trépassait

« Celui qui fut seul exempt de tout crime.
« Tu tiens ici, debout dans le ravin,
« Le contre-pied de l'infernal abîme.

« Là c'est le soir, mais ici le matin :
« Et sans bouger, la créature infime
« Reste toujours où la mit le destin.

« De ce côté chut des cieux l'ange immonde :
« Et vers ces lieux la terre qui flottait,
« D'effroi, se fit comme un voile de l'onde,

« Et rechercha votre hémisphère : et c'est
« Pour fuir aussi, qu'en ravine profonde
« Ce val s'évase et s'éloigne en sommet. »

De Belzébut à petite distance,
Il est un lieu moins sinistre et dolent,
Qu'on ne voit pas, mais qu'on pressent d'avance,

Au faible bruit d'un ruisseau, qui descend
Par un rocher que l'eau creuse en cadence,
Et qui s'incline assez légèrement.

Par cet endroit bientôt nous remontâmes,
Voulant surgir au monde lumineux ;
Et soyez sûr que nous ne reposâmes,

Étant pressés d'atteindre tous les deux
Un lieu, d'où l'œil pût discerner sans voiles,
Par un trou rond ce que montrent les cieux.

On sort de là pour revoir les étoiles.

1871-1872.

# TABLE DES CHANTS

---

|   | Pages. |
|---|---|
| Préface . . . . . . . . . . . . . . . . . . . . . | v |
| Premier Chant . . . . . . . . . . . . . . . . . . | 1 |
| Deuxième Chant . . . . . . . . . . . . . . . . . | 9 |
| Troisième Chant . . . . . . . . . . . . . . . . . | 17 |
| Quatrième Chant . . . . . . . . . . . . . . . . . | 25 |
| Cinquième Chant . . . . . . . . . . . . . . . . . | 34 |
| Sixième Chant . . . . . . . . . . . . . . . . . . | 42 |
| Septième Chant . . . . . . . . . . . . . . . . . | 49 |
| Huitième Chant . . . . . . . . . . . . . . . . . | 57 |
| Neuvième Chant . . . . . . . . . . . . . . . . . | 65 |
| Dixième Chant . . . . . . . . . . . . . . . . . . | 73 |
| Onzième Chant . . . . . . . . . . . . . . . . . . | 81 |
| Douzième Chant . . . . . . . . . . . . . . . . . | 88 |
| Treizième Chant . . . . . . . . . . . . . . . . . | 96 |
| Quatorzième Chant . . . . . . . . . . . . . . . . | 105 |
| Quinzième Chant . . . . . . . . . . . . . . . . . | 113 |
| Seizième Chant . . . . . . . . . . . . . . . . . | 120 |
| Dix-septième Chant . . . . . . . . . . . . . . . | 128 |
| Dix-huitième Chant . . . . . . . . . . . . . . . | 136 |
| Dix-neuvième Chant . . . . . . . . . . . . . . . | 144 |
| Vingtième Chant . . . . . . . . . . . . . . . . . | 152 |

|  | Pages. |
|---|---|
| Vingt et unième Chant. | 160 |
| Vingt-deuxième Chant. | 168 |
| Vingt-troisième Chant. | 177 |
| Vingt-quatrième Chant. | 186 |
| Vingt-cinquième Chant. | 195 |
| Vingt-sixième Chant | 204 |
| Vingt-septième Chant. | 212 |
| Vingt-huitième Chant. | 220 |
| Vingt-neuvième Chant. | 228 |
| Trentième Chant. | 236 |
| Trente et unième Chant | 245 |
| Trente-deuxième Chant. | 254 |
| Trente-troisième Chant. | 262 |
| Trente-quatrième Chant. | 271 |

Nancy, imp. Berger-Levrault et Cie.

BERGER-LEVRAULT & Cie, LIBRAIRES-ÉDITEURS

## Nouvelles Publications

# COURONNE POÉTIQUE
## DE LA LORRAINE

### RECUEIL DE MORCEAUX ÉCRITS EN VERS
#### SUR DES SUJETS LORRAINS

#### PAR P. G. DE DUMAST

Correspondant de l'Institut, l'un des trente-six de l'Académie de Stanislas
Secrétaire perpétuel de la Société d'Archéologie lorraine

*Un beau volume in-8 de 356 pages. Prix, broché, 8 fr.*

---

# EXIL ET PATRIE
## PREMIERS CHANTS

#### Par Élisée LAGRANGE

*Un beau volume in-8, titre rouge et noir. Prix, broché, 4 fr.*

---

## Sous Presse

# MAISONNETTE
### POÈME

#### PAR M. CAMPAUX

Professeur de littérature ancienne à la Faculté des lettres de Nancy

##### DEUXIÈME ÉDITION

*Un volume in-12 en caractères elzévirs*

---

Nancy, imprimerie Berger-Levrault et Cie.

www.ingramcontent.com/pod-product-compliance
Lightning Source LLC
Chambersburg PA
CBHW071139160426
43196CB00011B/1943